JN101501

砂地に種をまいて、花が咲く

高校野球名将が挑んだ大学野球10年の軌跡

佐藤和也
[新潟医療福祉大学]

はじめに

私は〝凡人〟である。

高校野球の監督として甲子園に春夏合わせて8回出場しました。大学野球の監督として創部3年目で一部昇格を果たしました。教え子の中にはプロ野球の世界に進み、活躍している者もいます。そんな私を「名将」と呼ぶメディアもあります。ありがたい話だと思っています。

しかし、誰がなんと言おうと、私は凡人なのです。

ただ、〝凡人〟である自分が高校野球の監督として29年間、そして大学野球の指導者として10年間……曲がりなりにも66歳になるまで野球の現場で生き抜いてくることができたのは、私なりに考えた、戦い抜くための戦略があったからだと思うのです。

それはたとえれば「山の登り方」。皆が同じ方向から山を登ろうとしているのであれば、私はその反対側から頂上を目指し、誰も登っていない〝道なき道〟を歩もうと意識してきました。それはいつ転がり落ちても仕方ないという覚悟の中で歩んできた道でもあります。

10年前、高校野球の監督から大学野球の監督に転身しました。

新潟市のはずれにある、日本海に面したグラウンドに初めて立ったとき、果たしてどれだけの学生がこの場所に来てくれるのだろうか、と期待と不安の気持ちを抱えたのを憶えています。

日本海を渡ってやって来る、冬のシベリアおろしの寒風を受けながら、私は新たな戦いに船出したのです。

最初は何もなかったこの野球部に、10年経った今では全国各地から4学年で180人を超える部員が集まるようになりました。1年目には想像もつかなかったことです。

たくさんの学生が集まるようになった最も大きな理由は、この大学の野球部が他の大学野球部とは違う、学生の〝自主性〟、そして〝主体性〟を極限まで引き出していく、学生本位の指導を徹底的に追求し、日々の活動の中で、〝反対側の道〟から山の頂上を目指そうとしていることにあると思います。

10代後半から20代になったばかりの大学生が、これから歩んで行こうとする社会は、これまでの常識や当たり前だったことが通用しない世界が広がっています。日本国内は少子化、高齢化による人口減少が大きな課題になっています。世界に目を向けると人口爆発、産業構造の大きな変化や地球温暖化をはじめとする環境問題、そしてＡＩ（人工知能）との共存、など世の中の大きな変化が待っています。

そういう中で、大学の野球部監督として学生をどのように育てていくのか、そしてこれからの社会を生き抜く力をどのように身につけていってもらうか……試行錯誤の中で歩んできたのがこの大学野球部の10年間の姿です。そして、これからもこの山の登り方を継続し、リーグ優勝、そして大学日本一を目指していこうと取り組んでいます。

この本は、何もなかった砂浜の地に、種をまき、水をやり、そして少しずつ芽を出し始めた大学野球部とその部員たち、そして凡人監督との日々を綴ったものです。イマドキの若者は……日々向き合っていると、素晴らしい子たちばかりなのです。

砂地に種をまいて、花が咲く
高校野球名将が挑んだ大学野球10年の軌跡

目次

装丁・本文デザイン／浅原拓也
構成／岡田浩人
協力／新潟医療福祉大学硬式野球部、矢崎弘一、楊 順行
カバー写真／嶋田健一
写真／ＢＢＭ、新潟医療福祉大学硬式野球部、
岡田浩人、㈱スポーツニッポン新聞社

第1章 新潟に、こんな大学野球のチームがある

決勝戦前の〝バーベキュー〟

それはウチのチームにとって初めての〝優勝〟の2文字が懸かった大事な試合を前にした、ある昼の出来事だった。

「コンコン」

私の研究室のドアが鳴った。扉の向こうには大学4年生の部員と、もう1人の2年生部員が神妙な顔つきで立っていた。

創部から4年目を迎えていた2016年6月、新潟医療福祉大学の硬式野球部は1、2年生チームが競う関甲新学生野球連盟の新人戦で決勝戦に進んだ。

ドアの向こうに立っている4年生の部員には学生監督を任せ、後輩チームを率いてもらっていた。

「……監督、本当に申し訳ありません」

研究室に入って来るなり、4年生の学生監督がそう言って頭を下げた。私は驚いた。

「どうしたんだ？」

そう尋ねると、彼は恥ずかしそうに答えた。

「実は、決勝戦の前に、女子バレーボール部の部員たちとバーベキュー大会をすることを約束していました」


新潟医療福祉大学は日本海に面した海岸沿いに学校がある。野球部のグラウンド近くの砂浜にはバーベキューができる学生憩いの場がある。

ウチの硬式野球部にとって、初めてとなる〝タイトル〟が懸かった新人戦の決勝戦が1週間後に控えていた。ところが、学生たちは大事な決勝の3日前に女子バレーボール部の部員たちとバーベキュー大会を一緒にやることを約束していたのだ。

男子部員がほとんどの野球部にとって、女子バレーボール部員との交流は大学生活の楽しみの一つであるに違いない。

「決勝戦まで行くと思っていなかった我々の不覚です。新人戦のメンバーとそのスタッフは練習をしますので、メンバーではない他の部員はバーベキューに行かせてください。お願いします」

消え入るように小さな声で、学生監督は深々と頭を下げたのだった。

この野球部が大事にしてきたこと

「おまえたち、まだウチの野球部を理解していないのか？」

監督である私は、彼らの目を見つめながら、こう切り出した。咄嗟に出た言葉だった。

そう言われた学生たちは一瞬、きょとんとした表情を見せた。

次の瞬間、私はニヤリと笑ってこう告げた。

「ウチの野球部は、バーベキュー優先だろう！」

（え？）

学生たちは目を見合わせたのだった。でも、私にとってこれ以外の答えはなかった。それは「この野球部が大事にしてきたこと」に関わる出来事だと考えたのだ。

一般的な大学の野球部監督であれば、「何を言っているんだ！　試合を舐めるな。決勝戦の前なのだから、全員で練習に決まっているだろう！」と一喝していたのではないだろうか。

大事な試合前、しかも初めてのタイトル獲得が懸かった試合である。部員たちの心を一つにして、練習あるのみ！　レクリエーションなど、もってのほかだ……まあ、強豪校と言われる大学の監督ならば、こんな答えが返ってきたのかもしれない。

ところが、私の答えは「バーベキューが優先だ」というものだった。

きっと怒られると思ってやってきたら、予想外の答えが返ってきたのだから、彼らも面食らったに違いない。

大事な試合を控えているのに、私は学生たちにメンバーを含め全員でバーベキューをやることを許した。なぜなのか。

バーベキュー、それも他の部と一緒にやるという〝イベント〟を実行するためには、何よりその準備が大切になる。

2つの部を合わせて何人の参加者がいるのか。その人数分の食料を買い出しに行くためにはどれくらいの予算がかかるのか。体育会系の部である。買い物は誰が行くのか。いったいどれくらいの量の肉を買わなければならないのか。もちろん肉だけでなく野菜も買わなければいけない。飲み物も用意しなければいけない。乗り合いで行く車の準備はどうするのか。そして、バーベキュー当日は誰が進行役を務め、どんなレクリエーションを準備するのか。誰にあいさつをしてもらうのか。参加者の座る配置はどうやって決めるのか。終わった後の後片付けは……。

バーベキューというイベントを企画・立案し、準備をし、そして実際に運営するだけでも、いくつもの仕事とハードルがある。そうしたものを学生たちが話し合い、1つ1つ決めていくことで、リーダーになる者たちはそのマネジメントの力が問われることになる。そしてそうしたイベントを成功するためには協力者（フォロワー）の力も必要になってくる。イベントの成功のために部員が一体となって取り組むことでチームワークも生まれる。そうしたイベントをやり抜くための一つひとつのハードルが、学生たちにとって「学びの場」になる。

たかがバーベキューだが、こうした取り組みがその後の部の運営や練習メニュー、そして試合のマネジメントまで学生が主体的に考え、実践していくための〝種〟となっていくと思うのである。

これがウチの野球部の登山道の一合目なのだと思っている。

大学野球とはなんだろう

私自身、その〝山の登り方〟を考えるきっかけとなった出来事があった。

新潟明訓高校で監督をしていた時のことである。

高校野球の監督時代、毎年夏の大会前の6月に、学校に泊まり込みで合宿をしていた。練習は午後から夜、そして早朝に行う。限界まで追い込む練習内容で、部員たちの疲労はピークとなる厳しいものだった。

その合宿には高校を卒業して大学生となったOBが駆け付けてくれた。春のリーグ戦が終わった後の休みを利用して帰省し、高校生の練習を手伝ってくれるのだ。

その時、帰省したOBたちから、それぞれが進学した大学の野球部の事情について話を聞く機会がしばしばあった。

「上下関係が厳しくて、4年生が言うことに1年生は『ハイ』しか言えません」

「練習時間が長いので、実は大学の授業に出る時間もありません」

「大学の野球部の監督は偉大すぎて、イチ学生である自分はとても話しかけられません」

そんな大学野球の現状を耳にするたびに、私は心を痛めていた。

大学とは社会に出る前の、学生最後の4年間である。学問的な学びはもちろん、4年間で出会う大切な仲間との人間関係を通して得る学び、アルバイトなどでの社会体験など、大学生が得る学びは一生の宝物となる。

ところが、日本の大学の野球部には授業にもほとんど出席せずに、朝から晩まで野球漬け、というところもあるという。大学生になっても野球以外のことに興味がない人間が、果たして社会に出た時に通用する人間となるだろうか。

高校野球の監督時代から、私は日本の大学野球のあり方に思いを巡らせていた。

（選手ファーストの野球部を作りたい）

高校野球の世界から、大学野球に身を転じることを決意した時、私は「今までにない大学の野球部を目指そう」と考えた。

監督に言われたから従う、という人間を作るのではなく、自らが考えて選択をし、自分の道を決められる人間を育てたい。そうすることが、長い目で見て〝強い〟野球部を作ることができるのではないか、と思ったのだ。

冒頭のバーベキューの話に戻る。

学生たちがバーベキューを計画したことは、決して間違っていない。新人戦の決勝戦を3日後に控えていた、という〝日取り〟だけが間違っていたのだ。

「ウチの野球部は、バーベキュー優先だろう！」

そう告げた私は、続けて言った。

「そこでたらふく美味しい肉を食べて、同じ大学の女子バレーボール部員と交流を深めてくるといい。ただし……」

そこで私は一呼吸置いた。

「ただし、1つだけ条件がある」

(なんだろう?)

そんな表情を見せた学生たちに、私はニヤリと笑って言った。

「頼むからオレもそこに混ぜてほしい」

バーベキュー大会は盛大に行われた。学年ごとに鉄板を囲み、交流の輪が幾重にも広がっていた。普段の野球では見せたことがない選手たちの表情を見ることができ、私も楽しい時間を過ごせた。食事をしたあと、男女が仲良くバレーボールに興じていた。その光景を見て、ほほえましいと心が温かくなった。

リフレッシュした選手たちが、その後の練習で見違えるような動きを見せたのは言うまでもない。

学生たちは、バーベキューを許してくれた監督に対して、試合の結果で応えたいと考えたに違いない。いや、それ以上に「バーベキューを試合に負けた言い訳にしたくない」という気持ちがその姿から表れていた。

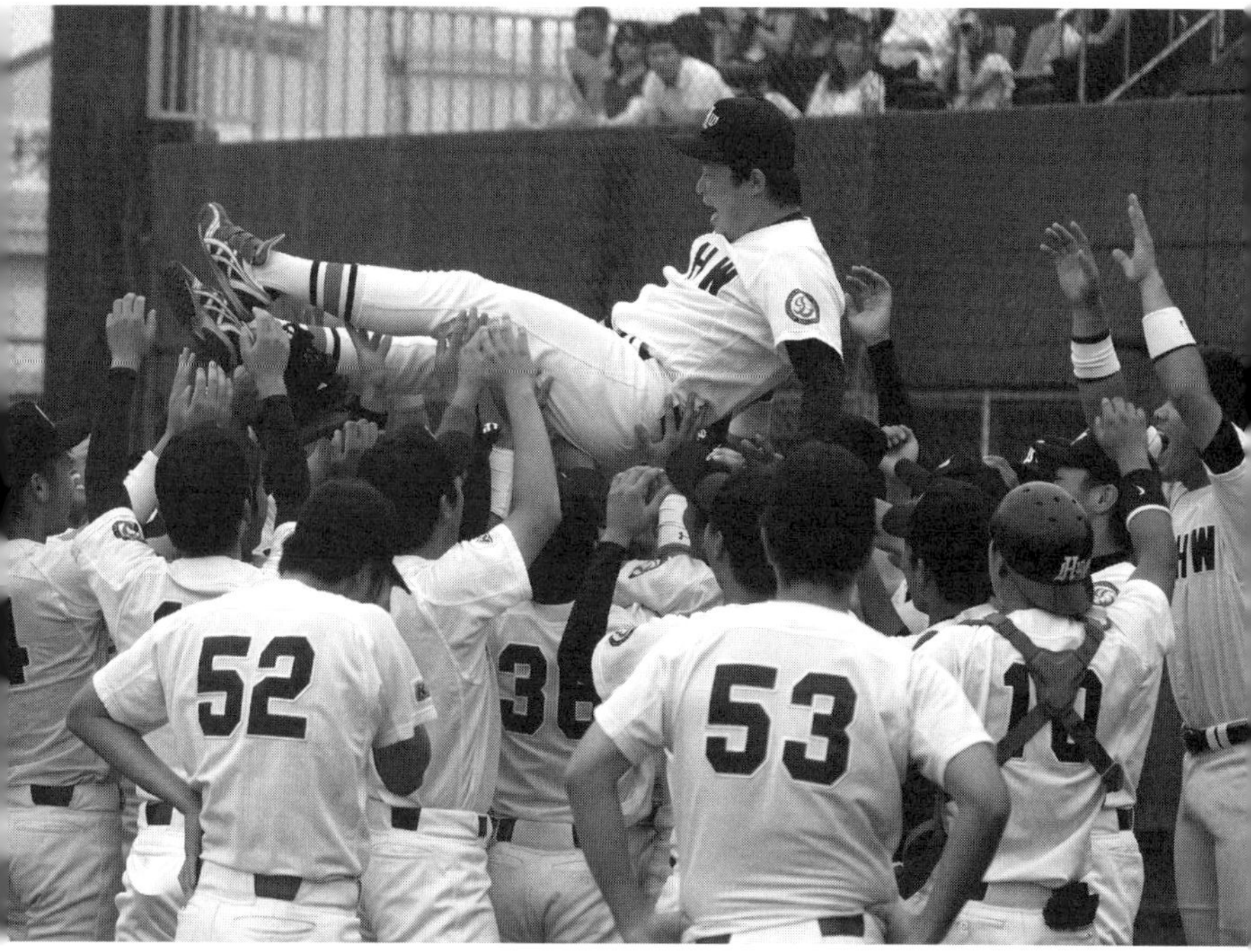

新人戦で初優勝を決め、胴上げされる石田航学生監督

3日後の7月2日、新潟医療福祉大学・硬式野球部は初めてのタイトルとなる新人戦初優勝を果たしたのだ。

崖っぷちでの決断

違う山の登り方、を考えてきた我がチームだが、そう簡単ではない。

選手の自主性を重んじてきたチームが迎えた、最大の〝ピンチ〟があった。

それは2018年の春のリーグ戦でのことだった。

健闘空しく、リーグ戦では最下位となり、二部優勝校である平成国際大学との入れ替え戦に臨んだ。

第1戦は終盤の8回に逆転し、4対3で競り勝った。第2戦は投手陣が踏ん張れず、4対9で敗れた。

1勝1敗。泣いても笑っても、最後の第3戦で、一部に残留か、二部に降格か、の運命が決まる。

ところが、第2戦が終わった日の夜、思わぬ出来事が起きた。

キャプテンの安野颯人くん（金沢高）と主力選手の2人が私のところへやって来た。

「申し訳ありません。明日から母校で教育実習なので、地元に帰らせていただきたいのですが……」


（教育実習？　しまった！　そうだった……）

私は激しく動揺した。

私自身が入れ替え戦のことで頭がいっぱいで、彼らが教育実習を受ける予定であることをすっかり失念していたのだ。

とは言え、チームの危機、崖っぷちで迎えた第3戦を、キャプテンと主力選手を欠いたチームでどうやって戦えというのだ……。


私はしばらく黙り込んだ。

（できれば入れ替え戦に出てほしい）

喉元まで言葉が出かかった。その時の私の表情はきっと歪んでいたに違いない。

しかし、その言葉をぐっと飲み込むと、私は彼らにこう告げた。

「行ってこい！　こっちは残った4年生と下級生たちで何とか一部残留を勝ち取るから、おまえたちは教育実習でしっかり学んでこい！」


たしかに、入れ替え戦はチームの今後の命運を決める大事な戦いである。

しかし、それ以上に学生にとっての教育実習は、自らの進路に影響を与える大事な学びの場である。その学びの場を失わせてまで、目先の試合に出させることは彼らの人生にとって大きな損失になると考えたのだ。

我が新潟医療福祉大学の硬式野球部は、決して野球をするだけではない、社会に出て自ら人生を切り開いていく力を養った人間を育てることを目指しているのだ。


入れ替え戦の第3戦は壮絶な試合となった。6回まで3対2と1点リードして終盤を迎えた。キャプテン不在だったが、チームは「不在の選手の分まで頑張ろう」と一丸となり、8回に2点、9回に8点を入れて13対7で打ち勝った。苦しい入れ替え戦だったが、なんとか一部残留を決めたのだった。

選手も、そして監督である私も、心の底からほっとした。

その後、教育実習に行った安野くんは、無事に都内の高校の教員になることができたのだ。

ライバル校と闘うために考えた、山の登り方

新潟医療福祉大学は2022年現在、「関甲新学生野球連盟」の一部に所属している。同じリーグには全国優勝経験のある上武大学や、阪神タイガースの中心打者である大山悠輔選手らプロ野球選手を何人も輩出している白鷗大学など強豪私立がひしめく、歴史も伝統もある、全国でも屈指の〝厳しい〟リーグである。

我々、新潟医療福祉大学は参入から10年目のシーズンを迎えたが、まだ新参者。2016年春のリーグ戦で2位となったことはあるが、春秋のリーグ戦ではまだ一度も優勝を経験していない。なかなか簡単には勝たせてもらえないのが関甲新なのである。

そんな厳しいリーグにあって、ウチの野球部が一貫して大切にしてきた考え方が〝山の登り方〟である。

他の野球部とは違う「山の登り方」を徹底的に追求し、他とは違う道を探し、そしてその山道から頂上を目指す。

たとえば、他の大学の野球部が一日中厳しい練習をして頂点を目指そうとするならば、ウチのチームは全体練習の時間を極力短くし、その分、選手の自主性に任せた〝自主練習〟の時間を多く割り当てるようにしている。

たとえば、大学によっては何人ものコーチがいて、投手、野手、走塁などそれぞれの専門性をいかして指導するところがある。

ウチのチームは選手自身が興味を持ったことを自主的に調べ、例えば盗塁などの技術を外部に学びに行き、その得た知識を学生たちに還元するようにしている。

相手とは別の、山の反対側から頂上を目指すように努めている。

これは私自身の歩んできた野球人生、そのものでもあるのだ。

それは29年間監督を務めた新潟明訓高校時代にさかのぼる。

最大のライバル校であった日本文理高校が、新潟県のチームで初めて「全国制覇」の横断幕を掲げ、強力打線を看板に甲子園を目指していた。

正直に話そう。

最初に日本文理に「全国制覇」を掲げられたとき、「やられた」と思った。本音を言えば新潟明訓が一番にその目標を掲げたかったのだ。

しかしライバルに先にやられてしまった。

そこで私は考えた。

「日本文理と同じ目標を掲げていたら対等に戦えない」

その出来事をきっかけに、どうやったら日本文理とは違う側から山のテッペンに登ることができるのか、と考えた。

たとえば、ウェートトレーニング。新潟明訓は新潟県内でも早くからウェートトレーニングに着目し、そのための専門器具も揃えた。

しかし、ライバル校がウェートトレーニングを始めた、との情報をキャッチしたとき、こう考えた。

（同じやり方でテッペン（甲子園）を目指していたのでは、どうしてもウチにとって分が悪くなってしまうのではないか。だったらウチはしなやかな筋肉を鍛えるようにすればいいのではないか）

選手の力をどうやって引き出すのか、その方向性を変えた。

たとえば、日本古来の古武術の動きから力の引き出し方を学んだ。あるいはまた、野球とは異なる種目であるテニスの専門家に学びに行き、野球につながる動作を習得しようと努めた。

新潟明訓が目指した「反対側から山を登ろう」という考えは普段の練習に臨む姿勢にも表れた。

それは自力本願と他力本願……つまり、自分たちが目標（全国制覇）を求めていくのが日本文理の野球（自力本願）だとすれば、新潟明訓は日々為すべきことに集中をして取り組むことで、自分自身を磨いて研ぎ澄ましていったら、気がついたら甲子園に出ていた、そして全国優勝をしていた、というチームを作っていこう（他力本願）……「甲子園に呼ばれるチームを目指そう」と選手たちに話していた。

日本文理の大井道夫監督（現・総監督）が「甲子園はすごくいい場所だ」と表現したら、私は「甲子園はただの器でしかない」と言うようにしていた。「ただ野球をやる場所なんだから、甲子園を意識せずに、自分たちが日々グラウンドでやっていることを甲子園でやれるかどうかが問題だ」と選手に言い聞かせていた。「甲子園で自分たちの力を出し切れることは器に負けていないことなんだ」と話していた。

高校野球の監督時代は日本文理や大井監督のことを「ライバルではない」と言っていた。しかし、いま正直に話そう。日本文理が最大のライバルで、大井監督が最も意識した相手だった。ライバルの存在があったからこそ、違う山の登り方を試行錯誤し、自分自身が成長できたのだ。

高校野球の監督時代から、他とは違う山の登り方を意識しながら、どうすれば甲子園で勝てるチーム、選手を育てることができるのかを考えてきた私にとって、大学野球の監督になってからもその考え方は変わらなかった。

活躍するOBたち

新潟医療福祉大学は医療系、看護系、医療系スポーツ、福祉などに関する学科がある医療系総合大学である。

硬式野球部の部員は「健康スポーツ学科」の学生が多い。小・中学、高校の教諭免許を取得できるほか、スポーツ指導者に必要な総合的な知識を学ぶことができる。部員の中には理学療法士の国家資格取得を目指す「理学療法学科」の学生もいて、リハビリの実習や資格取得を目指しながら、部活動にも汗を流している。

硬式野球部の日常は、平日は午後3時から全体練習が始まり、午後6時くらいまで専用グラウンドを使ったチーム練習を行っている。ノックや打撃練習など、全体練習は約3時間。大学の野球部としてはほかの大学と比べて短い時間の部類に入ると思う。

その後は自主練習となる。室内練習場でひたすらバットを振る者。トレーニング施設を使ってウェートトレーニングなどの体づくりに汗を流す者。強制ではないのでメニューは様々で、学生たちは個別に自らの課題と向き合う。

この自主練習が、学生たちの成長を支えている。

新潟医療福祉大学からは創部9年の間に4人のプロ野球選手が誕生している。中日・笠原祥太郎（新津高、現・横浜DeNA）、オリックス・漆原大晟（新潟明訓高）、阪神・桐敷拓馬（本庄東高）、ソフトバンク育成・佐藤琢磨（新潟青陵高）の、4人のピッチャーである。

この4人はいずれも高校3年生の時に甲子園で活躍したようなエリートではない。笠原は公立高校の出身で高3夏は2回戦敗退。漆原は高校時代、チームの二番手投手だった。桐敷は埼玉大会ベスト16が最高成績。佐藤は高校最後の夏は初戦の、しかも1回途中で降板させられた無名のピッチャーだった。

いずれも高校時代にこれと言って目立った活躍をした選手ではなかった。しかし、高校時代からキラリと光るものがあった。

新潟医療福祉大学に来て、4年間で紆余曲折ありながらも彼らは飛躍的な成長を遂げた。成長曲線は4人4様だったが、キラリと光る長所を伸ばすことができた結果がプロ入りだったのだと思う。

卒業後、社会人野球の世界で活躍している選手も大勢いる。

また、野球とは違う分野で活躍する者も大勢いる。

ある時、一人の部員が突然、「外務省の海外交流プログラムに参加してくるので、1か月部活動を休ませてください」と告げてきた。私は驚いたが、喜んで彼を送り出した。海外で人の役に立つボランティアをし、視野を広げることが、彼の今後の人生において大きな飛躍のきっかけになると考えたからだ。

部活動の練習だけではない。日頃の授業や3年生から始まる専門ゼミでも、自ら関心がある分野を調べると彼らはとんでもないエネルギーを発揮した。

また別の学生の一人が卒論のテーマの一つとして、野球の歴史について調べてきた。かなりの専門書を読み込んできたようで、図書館などに足を運び、納得のいくまで調べた跡がうかがえた。

大学生たちは、自分が興味があることについてより深く知る「楽しさ」、そして自分が知らなかった分野を知ることで自らの成長を実感する「楽しさ」を得ることで、どんどんと成長する。

またあるときは、卒業生が就職した、とある企業の人事担当者が大学までやってきた。

「どうしたらあんなに仕事に意欲を持って取り組む学生を育てられるのか。その秘訣をお尋ねしたい」

言われたこちらがびっくりした。

同時に、指導者冥利に尽きる言葉をいただいたと感無量になった。

卒業後も野球を続けている者、野球界を支える仕事をしている者、野球と関係はない分野だが大学時代の経験をいかして活躍している者……この野球部で4年間を過ごした卒業

生がそれぞれの分野で輝いている。何よりそれがうれしいことである。

最初からうまくいったわけではない。初めて飛び込んだ大学野球の世界で、たくさんの辛酸をなめてきた。

その一つひとつが糧となり、この野球部を、そして私自身を、成長させてきたと感じている。

第2章 —— 大学野球という世界

何もない場所

11年前、初めてそこに立ったときの記憶は、今でも鮮明に残っている。

そこには、何もなかった。

ただ、砂地と雑木林だけが広がっていた。ピュー、ピューと音を立て、日本海からの風が吹きすさんでいた。

新潟市北区島見町。２０１１年の年の瀬も迫ったある日、私は初めて海岸近いこの地を訪れた。ここが新潟医療福祉大学・硬式野球部の野球場が作られる予定地だった。

目の前に広がる景色を見ながら、私は不思議な気持ちになっていた。

「ここに野球場を作るのか……」

日本海特有の風の強さに驚いた。

どんよりとした曇り空。新潟県特有の冬の鉛色の空が広がっていた。

（この場所でどんな野球を目指したら、学生が集まってくれるのだろう）

初めて飛び込むことを決意した大学野球の世界。ここからどうやったら全国の舞台、大学野球の聖地〝神宮球場〟を目指すことができるのだろう。そもそもゼロからスタートする大学の野球部に、学生が集まってくれるのだろうか。

すべてが不安だった。

一方で、胸に去来する昂揚感を隠せない自分もいた。

「ここからすべてが始まる。無限の可能性が広がっているのだ」

新たなことに挑戦を決めた自分に、そしてまだ見ぬ教え子たちに、そして大学の野球部の未来に……ワクワクする自分の気持ちに、期待をしていた。

高校野球からの転身

２０１２年夏。

この年の全国高校野球選手権大会をもって、私は29年間務めた新潟明訓高校の野球部監督を勇退する決断をした。

27歳で飛び込んだ高校野球の世界。その勝負の舞台から56歳で身を引く決意をしたのである。

きっかけは前年の出来事だった。

2011年の選手権新潟大会で新潟明訓高校は決勝まで勝ち進んだ。決勝戦の相手は長年のライバルだった日本文理高校。その年の春のセンバツ甲子園にも出場しているチームで、この大会の優勝候補筆頭だった。

試合は戦前の予想に反して、1点を争う好ゲームとなった。新潟明訓の選手たちは再三にわたる好守を見せ、日本文理の得点機を摘んできた。延長戦にもつれ込む大熱戦となったが、10回裏、1対2のサヨナラ負けを喫した。あと一歩のところで甲子園出場を逃した。

決勝戦の後、思ってもみなかった感情がわき上がってきた。

「選手たちはよく頑張ってくれた……」

もともと決勝に行けるほどの力があるチームではなかった。秋の大会は3回戦負け。春は2回戦負け。それが夏の大会で3年生を中心に意地を見せた。

自宅に帰って、晩酌を始めたときに、妻が言った言葉にハッとした。

「あんまり悔しそうじゃないね」

そのとき、初めて自分の感情に気が付いて、驚いた。

若い頃から負けず嫌いで、1点差で負けるなどという結果は、今までの自分ならば悔しくて悔しくて、仕方がないはずだった。負けたのは自分の采配に何か至らない点があったからだ……かつての自分だったら、そう自らを責めていたはずだ。

ところが……。

その敗北の後、悔しさを感じない自分がいた。

思えば、その始まりは新潟県全体が盛り上がった、2009年夏の出来事にあったのかもしれない。

ライバルである日本文理高校が甲子園で新潟県勢初めての決勝に進出し、準優勝を成し遂げたのだ。

あの夏の新潟は、私にとってどこに行っても居心地が悪かった。

行きつけの飲み屋に行けば、さっきまで店の中から話し声が聞こえていたのに、私が戸を開けた瞬間、シーンとなった。おそらく日本文理の話で盛り上がっていたのだろう。

テレビをつければライバル校のニュースをやっている。

どこにも居場所がなかった。

悔しくて、うらやましくて……。

自分への不甲斐なさ、ライバルの終わらないフィーバーへの羨望、心が折れそうになりながら、行き場のない気持ちをグラウンドにへばりつきながら、ぶつけるしかなかった。

朝から晩まで部員たちと練習に明け暮れた。

フィーバーは秋になっても収まらなかった。

その年は新潟県で「国体」が開催されたのである。

新設されたハードオフ・エコスタジアムでも日本文理は話題の中心で観客も満員となった。新潟明訓のグラウンドは全国から集まった出場校の練習会場となり、私は練習会場の担当主任として出場校のために汗を流した。

野球シーズンが終わった年末になっても、全国準優勝の日本文理のニュースはテレビ局で何度も何度も放送された。２００９年はずっと「日本文理フィーバー」が続いたのだ。

自分の不甲斐なさを感じる日々だった。

そのことがいまだかつてない、自分の負けじ魂に火をつけたのだ。

（絶対に、来年の夏は新潟明訓が甲子園で勝ち上がるんだ）

2009年の悔しさを忘れずに夏の大会までを過ごすことになった。

そして、2010年の夏の大会が幕を開けた。新潟明訓は苦しみながらも勝ち上がった。左右の両エースが奮闘し、試合を重ねるごとに打線が活発になり、決勝戦まで勝ち上がった。

いよいよ、溜まった思いをぶつける舞台に勝ち上がった。甲子園を懸けた相手は日本文理だった。

「この試合だけは絶対に負けられないんだ」

ずっと選手を鼓舞し続けた。

1点を取られたら2点を返した。3点を取られたら6点入れた。新潟明訓は日本文理に11対6で打ち勝ち、甲子園への切符を手にした。

甲子園でも新潟明訓の選手たちは躍動した。初戦で京都外大西、2戦目で西日本短大付に勝ち、学校初のベスト8進出を果たした。

そこで満足していなかった。準々決勝で勝ち、なんとしても前年の日本文理を超える成績を残したい。しかし、報徳学園に1対2で敗れた。

1点差での敗退。学校初のベスト8進出ではあったが、自分の心は悔しさでいっぱいだった。

（ああいう采配をしていたら勝てたんじゃないか。こうしていたら勝てただろう）

敗れた夜、ホテルの部屋で眠れなかったのを憶えている。あの年は自分でもすさまじいエネルギーを放出していた。


思い起こせば、この2009年、2010年の2年間にわたる出来事が、自らの中にある勝負への執念を枯渇させていたのかもしれない。

2011年夏の決勝戦で日本文理に敗れても悔しさを感じない自分がいた。

（悔しくないなんて、佐藤和也じゃない）

（そんな気持ちで監督を務めるのは選手に失礼なのではないか）

それまで定年を前に辞めることなど考えたこともなかった。しかし、思いもよらなかった自らの感情に戸惑いながら、高校野球の監督から身を引くべき時が来たのではないか、そう考えた。

ちょうどその頃だった。

（新潟市にある新潟医療福祉大学が硬式野球部を作るらしい。その指導者を探している）

そんな情報が私のもとに舞い込んできた。

新潟の大学に硬式野球部ができる。

新潟県は国立の新潟大学に硬式野球部があるが、私立大学に硬式野球部はなかった。高校野球を卒業した選手たちは、プロや社会人を目指すためには、東京を中心とした県外の大学に進学し、そこで活躍しなければ道は開けなかった。

大学野球の空白域……新潟県はそう呼ばれてきた。

その道が新潟県にもできる。

「大学野球という新しい道でチャレンジしてみたい」

高校球児が甲子園を目指すように、大学野球の聖地である〝神宮〟を目指すことはもちろん、これまで新潟県になかった大学の野球部ができることで、新しい取り組みができるのではないかと考えたのだ。

医療系の大学ということで、学生たちが野球の運動メカニズムに関わる学びができる。同じグループには新潟リハビリテーション病院があり、たとえば選手の様々なデータを集めることで、ケガ予防について新たな知見を得ることができるかもしれない。

何よりも大学の硬式野球部ができることで、新潟県内の子どもたちや中学生への野球教室、高校生との練習試合を通じて新潟の野球界全体に貢献できるのではないだろうか。野球の〝センター〟的な役割をこの野球部が担うことができるのでは、と考えたのだ。

私は新しくできる野球部の監督に自ら手を挙げた。そして、大学側もその申し出を快く受け入れてくれ、特任教授として迎えてくれることになった。

56歳で決めた、新たな挑戦だった。

ゼロからのスタート

雑木林と砂地だけの何もない地を訪れてから1年間の準備期間を経て、2013年春、私は新潟医療福祉大学で新設された硬式野球部の監督に就任した。

「新しくスタートする大学野球部に、果たして学生は集まってくれるのだろうか」

そんな不安は、杞憂だった。

2013年春、できたばかりの新しい硬式野球部に1期生として31人の部員が集まってくれた。県内から10人、県外から21人。推薦組16人に加え、一般入試組からも15人が集まった。そのうち甲子園経験者が4人いた。

高校野球の監督を務めていた縁で、新潟県内だけでなく、お付き合いがある各県の旧知の監督たちが教え子たちを送り出してくれたのだった。

最初は集まった人数の多さに驚いた。同時に責任の重さを感じた。

実績も何もない、ゼロからスタートする大学の野球部に、これだけ多くの選手が飛び込んできてくれたのだ。

「こちらを信頼して入学してくれたのだから、4年間、しっかりと指導をしなければならない」

身が引き締まる思いがした。

4月7日。

1期生の31人が集まって、硬式野球部として初めての練習を行った。天候が雨模様だったため、体育館での練習始めとなったが、心は晴れやかだった。

「雨降って地固まるという言葉がある。お互いを知り合うことが大事だから、広いグラウンドよりも、かえって狭い体育館でやるのもよかった」

集まった1期生を前に、そんなことを話した。

初代キャプテンには橋本㬢《ひかる》くんを指名した。群馬の名門校・東京農大二高でもキャプテンを務めてきただけあって、会話の中からチームを引っ張る強い意志とキャプテンシーを感じた。

集まった部員たちが口々に言ったのは、初めての硬式野球部に対する期待感だった。

「新しくスタートするチームで、ゼロから野球部を作ることにワクワクして参加したいと思いました」

そんな言葉を耳にするたびに、こちらもワクワクしていった。

1期生31人が集まった最初の練習は、雨天のため体育館でのスタートだった

この日、もう1つ記念すべき出来事があった。

新しい出来立てのユニフォームのお披露目があったのだ。

上下ともにアイボリーを基調としたベーシックな色とした。胸には大学の略称である「NUHW」が大きく刺繍されている。他のチームと違う、一から頂点を目指すにあたって、あえてユニフォームは奇抜な色でない、ベーシックな色を原点とした。新しいチームだからこそ、あえて野球の『原点』となるような色とデザインにした。

練習用ユニフォームは全員が同じ白色にした。そして新潟医療福祉大学では、高校時代のセカンダリーユニフォームでの練習を禁じた。高校名の入ったTシャツでの練習も禁止した。

部員たちに高校時代の出身校を意識させないようにしたかった。甲子園に何度も出た名門校出身だろうが、無名の高校出身だろうが、大学に来たからには関係ない。

名前を憶えてほしかったら、出身高校名ではなく、プレーで憶えてもらえる選手になってほしい。そのプレーで個性を出してほしい。そう思っていた。だから練習用のユニフォームには名前も背番号も入れなかった。

高校時代に甲子園に出た選手も、出られなかった選手も、みんな同じゼロ……真っ白からのスタートなのだという意味を込めた。

以来、新潟医療福祉大学の練習用ユニフォームは真っ白のままである。

1期生と神宮球場へ

1期生の、最初の頃の練習は印象的だった。

私は高校時代にそれぞれが指導を受けてきたのだろうから、アップや基本的な練習メニューは自分たちで相談して決めていいよ、と話していた。

ところが、そう言って猶予を与えたにもかかわらず、次の練習でも部員たちは何も決めてこなかった。多分にお互いの遠慮もあったのだろう。

「じゃあ、練習内容が決まっていないなら、今日は練習をしなくてもいいよ」

冗談でそんなことを口にしたら、「本当に帰っていいんですか?」と言って、ピューといなくなる部員もいたほどだった。

大学の教授たちから「新しい部はどうですか?」と聞かれ、こう答えた。

「放牧しています」

そんなことを言って苦笑するしかなかった。

最初はそんなスタートだったのだ。

ただ、1期生は明るくて、気持ちも伸びやかな部員が多かった。キャプテンの橋本くんを中心に、部員同士で話し合いを重ね、徐々にまとまりを見せるようになってきた。選手の自主性を尊重した結果、1期生は他の大学にはない、新しい伝統を次々と生み出していってくれたのだ。

その春に完成したグラウンドは、両翼101メートル、中堅120メートルという硬式野球部の専用のものだった。特にホームからバックネットまでのファールゾーンが広い。ホームベースからセンター方向に日本海が広がり、北向きに設計された。

それには理由がある。

神宮球場である。

大学野球の聖地である、あの球場と同じ広さ、同じ方角になるように設計してもらったのだ。

この時点ではスコアボードも、ブルペンも、室内練習場もない、グラウンドだけがある

硬式野球部のために作られた専用グラウンドは、神宮球場と同じ北向きに設計された

環境だったが、一つひとつを部員たちと一緒に作り上げていく、無限の可能性が広がる場所だと考えていた。

いずれは神宮球場へ……そんな私の願いが込められたグラウンドだった。

練習スタートから約1か月後、私たちはバスに乗り、ある場所へ向かった。

目的地は神宮球場。東京六大学の春季リーグ戦を観戦に行ったのだ。

華やかなブラスバンドの音色と力強い応援団がスタンドを彩っていた。その中で、甲子園で活躍したようなスター選手たちがグラウンドで躍動していた。

部員たちは大学野球独特の空気が流れる

球場で、それぞれが何かを感じていた。スタンドで見つめる我が部員たちの目つきが変わるのが、わかった。

この1期生ならば何かを成し遂げてくれる……そんな期待が心の中で膨らんだ。


様々な関係者の尽力があり、我々、新潟医療福祉大学の硬式野球部は「関甲新学生野球連盟」への所属が決まり、創部1年目の秋季リーグ戦から参戦できることになった。

1年生だけのチームだったため、練習試合の数も限られたが、それでも8月には関東遠征を行い、桜美林大学や杏林大学、武蔵大学といった首都圏の強豪校とも練習試合をした。いずれの試合も敗れはしたが、それなりに善戦をし、手応えをつかんで初のリーグ戦に臨もうとしていた。

関甲新学生野球連盟とは、埼玉、群馬、栃木、茨城の北関東エリアと、山梨、長野の甲信エリア、そして新潟の大学からなる、広範なエリアのリーグである。

ちょうど我々が活動をスタートさせた2013年は、6月に開催された全日本大学野球選手権で関甲新一部優勝校の上武大学が、準決勝で東京六大学野球連盟の明治大学を、そして決勝では東都大学野球連盟の亜細亜大学を破って、初の全国制覇を果たした。

関甲新にはそのほかにも白鷗大学など強豪私学が顔を並べていて、大学野球界ではトップレベルの強豪が集った、まさにハイレベルなリーグと言える陣容だった。リーグは2013年当時、「一部」「二部」「三部」と分かれていて、我々は最も下のカテゴリーである三部からスタートすることになった。リーグ戦参戦初年度の三部には信州大学、群馬大学、山梨大学の国立大学、公立の高崎経済大学、私立の東京福祉大学と群馬パース大学の6校がいた。その中に7校目として我々が参戦した形となった。

甘くなかった大学野球のリーグ戦

9月7日、待ちに待ったリーグ初戦を迎えた。

早朝、新潟市をバスで出発し、意気揚々と〝戦いの場〟である群馬県の野球場に乗り込んだ。

ところが、試合開始2時間前に到着した我々を待っていたのは誰もいない野球場だった。控え室もなく、選手たちはブルーシートを広げ、その上に用具を置き、そして着替えを行わなければならなかった。グラウンドのブルペンは草ぼうぼうだった。

「こんな場所で試合をするのか……」

私は、ちょうど1年前の出来事を思い起こしていた。


高校野球の監督として迎えた最後の夏。

新潟大会の初戦となった2回戦こそ、最終回までリードされる苦しい展開だったが、逆転サヨナラ勝ちで乗り切ると、チームは勢いづいた。エースの竹石智弥くんが全試合を完投し、新潟大会を優勝。最後の夏を甲子園出場という有終の美で飾ることができた。

甲子園では県岐阜商業に6対1で勝ち、ベスト16に進出。3回戦の明徳義塾戦で敗れたものの、秋の岐阜国体に出場することができた。

岐阜国体では初戦で浦添商業に勝利。準々決勝で松井裕樹（現・楽天）のいた桐光学園に敗れた。長良川球場で最後に選手たちに胴上げをされ、球場の観客から大きな拍手を受け、幸せな気持ちで高校野球の世界を後にした。


あれから1年。

甲子園のマウンドで投げた竹石くんは新潟医療福祉大学に進み、その草ぼうぼうのブルペンで投げている。高校野球の最後が華やかだっただけに、大学野球のスタートとの落差に思わず苦笑した。同時に、その環境に身が引き締まった。

「ここからもう一度スタートするのだ」と。

初戦の相手は東京福祉大学だった。学生が監督を務めているチームで、試合前のノックを見ていてもどこかサークルの延長戦上のような雰囲気を感じた。

大学野球で最初の公式戦となったが、正直、私自身にそれほどの緊張感はなく、高校野球の監督時代と同じように平常心で試合に臨むことができた。

ところが、選手たちがガチガチに緊張していた。もしかしたら地元のテレビ局や新聞社などマスコミが取材に来ていたことも影響があったのかもしれない。

試合は2回に二死満塁から山田将太郎くん（北越高）の左前適時打で初得点となる先制点を挙げた。3回には坂巻智大くん（上田西高）の適時二塁打で2点を追加した。

しかし、その後なかなか追加点が奪えない。相手投手の緩い変化球に各打者が手を焼いている。

大学野球デビューとなった関甲新リーグ3部の初戦。
7回のピンチで、著者自らがマウンドへ向かった

そうこうしていると、先発し4回まで無失点に抑えていた板垣瑞希くん（酒田南高）が5回につかまった。相手に連続タイムリーを打たれ、2点差に詰め寄られたのだ。

代わったピッチャーが7回にもピンチを迎え、私は選手たちを落ち着かせるためにマウンドに足を運んだ。高校野球では伝令役の選手がマウンドで指示を伝えるが、大学野球では監督が直接マウンドに行くことができる。初めての経験だった。

その後、2点を加え、6対2でなんとか初陣を勝利で飾ることができた。

正直、私自身は、いくら1年生だけのチ

ームとはいえ、ピッチャーの竹石くんをはじめ甲子園に出場したこともある選手もいる……三部では負けなしで優勝し、1季で二部へと昇格する気でいた。

しかし、初戦を終えて「これは厳しい戦いになる」と実感した。

その理由の1つが、木製バットへの対応である。高校時代の金属バットから変わったことに対し、選手がうまく順応できていなかった。金属バットならば外野に飛ぶような球が、なかなか外野に飛ばないのだ。

1年生ばかりだったため、アドバイスを受けるべき先輩の存在もない。私自身も長く金属バットの指導に慣れていたせいもあり、監督も選手もそれぞれが試行錯誤を繰り返していた。

もう1つは、三部とはいえ高校野球でならした選手たちが集まっている大学野球は皆、「下手ではない」。それなりにうまい選手が多いということだ。中には金髪姿だったが非常に運動神経に優れた選手もいた。

不安は早くも2戦目以降に現実のものとなった。

春の三部優勝校である信州大学との一戦は0対1で完封負け。続く第3戦も群馬大学に0対1で完封負けを喫したのだ。

特に打撃でなかなかボールが外野に飛ばない現実を突き付けられた。

結局、初のリーグ戦は6戦して3勝3敗で7チーム中5位という成績で終わった。

1季で三部を抜けるどころか、大学野球の洗礼を浴びた形になった。

「申し訳ない。オレ自身もなめていた」

リーグ戦が終わった後、私は部員たちとのミーティングで謝った。同時に、敗因を分析した。

特に、打撃での木製バットへの対応は大きな課題だった。選手個々のフォームはしっかりしている。ところが打球が飛ばない。内野ゴロばかりだった。

自分なりに出した答えは、上半身で押し込むように打っていて、力がしっかりボールに伝わっていない。もっと下半身から生み出した力を伝えるようにしなければダメだ、ということだった。

高校野球と大学野球の違いを身に染みて感じたことも収獲だった。

高校野球は一発勝負のトーナメントだが、大学野球はリーグ戦。三部は1戦制だが、二部は2戦、一部は2戦先勝の勝ち点制（当時）を採用していた。負けたら終わりの高校野球とは違い、大学野球は一戦ごとの意味合いがそれぞれによって違う。特に勝ち点制の場合、初戦を落としても2戦目、3戦目を取れば、それでOKなのだ。当然、投手の起用法も違ってくる。

「やっぱり勝たなければ面白くない」

勝負事は、負けて学ぶこともあるが、やはり勝って得るものも大きいのだ。

悔しさをバネに、1期生の部員たちは冬の間、ひたすらバットを振り込んだ。春にその成果が表れるのを信じていた。

愛しの1期生たち

この年の夏、私は地元テレビ局に依頼され、高校野球新潟大会の決勝戦の解説を務めた。高校野球の監督を辞めて初めて迎えた夏。球児たちが躍動するグラウンドを、スタンド上の少し高い位置にある放送席から眺めていたら、少しばかり寂しい気持ちを感じたのだった。

(ああ、オレはもう高校野球の世界から離れたんだな)

ところが、その翌日、大学のグラウンドに戻ったとき、自分の心の中に何とも言えない感情が湧き上がってきた。

1期生の部員たち一人ひとりの顔を見たら、嬉しくて愛おしくてたまらなくなったのだ。一緒に草むしりをして、グラウンド整備をして……一つひとつを自分たちの手で作り上げている、新しい野球部を作り上げている。

大学野球という新たな世界で、これだけの数の学生たちが自分を信じて集まってくれた。そうだ。オレにはこの教え子たちがいる。この子たちのために、できることを何でもしよう。

監督生活30年目の、新たな決意だった。

第3章

〝楽しい〟が成長の原動力

笠原祥太郎との出会い

人間の〝縁〟とは、まったく不思議なものだと思う。

1期生として集まってくれた部員の中で、とりわけそのことを強く感じる部員がいた。笠原祥太郎である。

新津高校の出身。一般入試を受けて、新潟医療福祉大学に入学してきた。そして、硬式野球部への入部希望を申し出たのだった。

その名前を見て、私は「おお」と思わず目を見開いた。そして新潟明訓高校の監督として戦った前年夏の、ある試合を思い出していた。


忘れられない試合だった。

私は、その夏限りで高校野球の監督から引退することを決めていた。

開会式が終わった直後、スタジアムのレフト側の駐車場に部員たちを集めて、こう告げた。

「オレは監督としてこの夏限りで引退をする決意を固めた。だから、最後にもう一回、3年生たちと一緒に甲子園に行きたい」

3年生が、最後の夏に燃えるエネルギーの1つになればと思い、あえて大会が始まった日に部員たちに伝えたのだったが……。

高校野球の監督として迎えた最後の大会。その初戦となる2回戦で、新潟明訓高校が対戦したのが県立の新津高校だった。笠原は新津高校のエースとして私たちの前に立ちはだかった。

どんな大会でも初戦は難しい。まして新潟明訓高校の選手たちにとって試合に敗れることは、同時に私の〝引退試合〟になってしまう。試合が行われた新発田市五十公野球場にはテレビや新聞などマスコミの取材も多く来ていた。

試合の立ち上がりから新潟明訓の選手たちの動きがとても硬かった。足が動かない。いつもなら弾き返しているボールに手が出ない。いろいろなことが選手たちのプレーに微妙に影響を与えていたように見えた。

一方、相手の新津高校は1回戦を突破した勢いもあり、伸び伸びとこちらに挑戦してきた。特に笠原はストレートが伸び、適度にボールが荒れていて、こちらがなかなか的を絞ることができなかった。

試合は3対4と1点をリードされて最終回を迎えた。

(やっぱり試合前にあんなことを言わなければよかったのか……)

そんなことも試合中、頭をよぎった。

ところが、勝利を意識したのか、土壇場で笠原が崩れた。9回裏、四球と相手守備のエラーなどもあり、新潟明訓高校が2点を入れて逆転サヨナラ勝ち。なんとか初戦を突破することができた。

苦しみながらもなんとか初戦を突破したことで、その後の快進撃にも繋がった。新潟明訓は私の監督生活最後の夏に、甲子園に出場することができたのだ。

(あの時に苦しめられた左ピッチャーじゃないか……)

笠原の名前を見て、すぐに思い出した。

あの試合が一番きつかったのだ。もしかしたら初戦で負けていたかもしれない。

「よくウチに来てくれたね」

私は笑顔で握手をした。高校最後の夏に敗れた相手というのは良くも悪くもずっと心の中に残っているものだ。その敗れた相手の監督のもとで野球をやりたいとウチに来てくれた……その気持ちがうれしかった。


笠原が練習している姿とピッチングの様子を見て驚いた。

「これは苦戦するわけだ……」

改めてじっくり見ると、ストレートに球威がある。捕手目線で言うと、ベース上で強いボールを投げることができ、打者が差し込まれる。

運動神経もよかった。体が丈夫で、バレーボールなどをやらせても強いスパイクを打ち、上手にこなしていた。聞けば父親が陸上をやっていて、母親がバレーボールの選手だったという。

私はピッチャーの素質を見るとき、その〝背中〟を見るようにしている。広背筋が大きく、同時に柔らかさを感じる選手は良いピッチャーになる素質がある。新潟明訓高校時代の教え子である小林幹英（現・広島投手コーチ）の背中がそうだった。笠原の背中も幹英のように大きく、そして柔らかい。大きく成長する可能性があると思った。

ただ、性格が穏やかというか、野球推薦ではなく一般入試組のためか、少し同期の選手に対して〝引けている〟印象を受けた。自信がなさそうにしているのも気になった。

ところが、この男が新潟医療福祉大学、いや新潟県の大学野球の歴史を変えていく存在になるのだから、わからないものである。

回り始めた〝成長のエンジン〟

創部1年目の秋に初めて参戦したリーグ戦は、三部で7チーム中5位という成績だった。部員たちは冬の間それぞれ悔しさを心に刻み、トレーニングに励んだ。と言っても、チームの全体練習の時間を長くしたわけではない。

選手の〝自主性〟を重んじる、というチーム方針は変わらなかった。全体練習は概ね平日は3時間。それ以外の時間は各自がそれぞれの課題に取り組む〝自主練習〟を大切にするようにした。

創部2年目の春を迎える頃には、グラウンドに隣接した場所にロッカールーム付きの広い室内練習場が完成した。大学に来る前からお願いしていたもので、冬の天候が悪い新潟県では室内練習場は必須のものだった。全面人工芝で、キャッチボール、守備のノックや打撃練習を天候に関係なく、好きなだけ打ち込むことができる環境が整った。


さらに、うれしいことがあった。4月に2期生として1年生28人が加わった。その中には新潟明訓のライバルチームだった新潟県内の私立高校からも入学者がいた。前年夏の甲子園に出場した日本文理高校の四番打者・小黒一輝くんなど、有望な選手が集まってくれた。

（こちらを信頼して、監督が勧めてくれたんだな）

本当にありがたいと思った。

1年生が大勢入学したことで、上級生になった2年生にも活気が出てきた。いい雰囲気で2年目のシーズンに入っていくことができたと思う。

1年目の悔しさをバネに2年目の春に全勝で3部優勝を飾る

2年目の春季リーグ戦は初戦から相手を圧倒する試合内容となった。

1戦目で東京福祉大学を9対0の7回コールドで下すと、2戦目は前年秋に0対1で敗れた群馬大学に7対1で勝利した。特に2戦目は1年生の小黒くんのタイムリー三塁打で先制。先発した笠原がストレートの球速が自己最速となる143キロをマークするなど、各選手が冬の間の成長を実感できる試合内容となった。

リーグ戦は全6試合を戦って6戦全勝。新潟医療福祉大学は創部

2年目でうれしい三部優勝を果たした。

そして、その勢いに乗って、二部最下位だった新潟大学との入れ替え戦では2戦全勝。リーグ参戦後、最初の目標だった「二部昇格」を果たしたのだった。

1年目、「すぐにでも優勝できるのでは」との甘い考えで臨み、跳ね返された三部でのリーグ戦。その反省に立って、謙虚な気持ちで2年目を迎え、ようやくその壁を突破した。ほっとした……というのが監督としての偽らざる心境だった。


選手の自主性を重んじた練習は「怒られるからやる」ではなく、「楽しいからやる」という気持ちを大切にしたいという思いからだった。

大学の練習は厳しくて、つらい……高校野球の監督時代に大学野球の状況を聞いていた私にとって、新潟医療福祉大学の練習は「野球は楽しい」からスタートしたいと思っていた。

1期生たちとともに手探りで始めた〝自主性〟を重んじた練習だったが、それがチームを動かす〝エンジン〟となって回り始めた。

・自分たちが決めた練習で「野球が楽しい」
←
・楽しいから「もっとやりたい」
←
・強制ではなく、自らやるから「うまくなる」
←
・上手くなるから「結果が出る」
←
・結果が出るから野球が「楽しい」

このエンジンが好循環を生み出した（73ページ図）。向上心や自主性があふれたグラウンドで、選手たちはどんどん成長していったのだ。

ただし、「楽しい」からと言って、決して「楽（らく）」というわけではない。

当然だが、体力を上げるためには、技術が上達するためには、厳しい練習をしなければならない。

チームを動かすエンジンサイクル

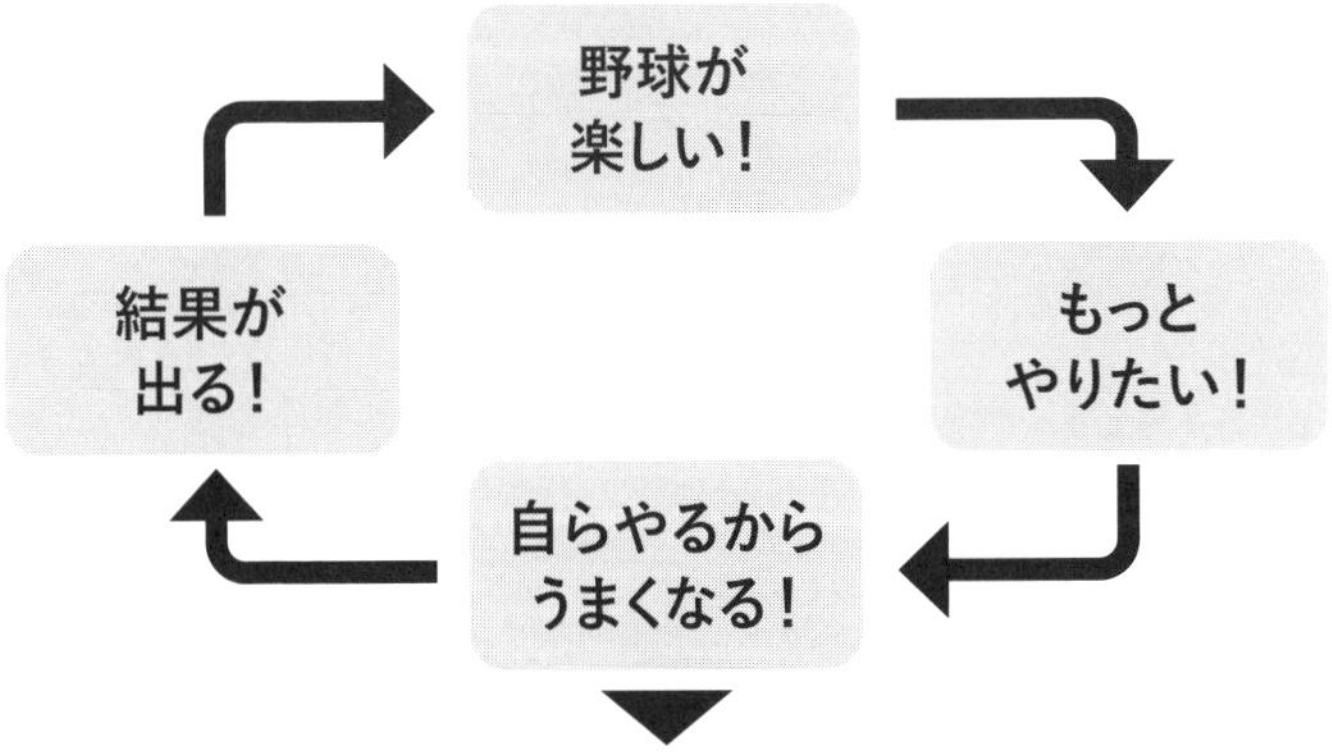

向上心や自主性があふれたグラウンドで選手はどんどん成長！
全体の雰囲気、うまくなる雰囲気の中で技術は磨かれていく！

その厳しい練習を自ら進んで選び、自分に負荷をかけ続けられる選手こそ、大きく伸びる。そして、その経験を実社会に出たときにいかすことができると考えた。

「研究会」で部員同士が教え、高め合う

創部3年目には3期生として34人もの部員が入部してきた。そのうち、県内からは9人で、いずれも強豪と呼ばれる私立・県立高校から集まった。関甲新で二部に昇格したことで、県内の高校の監督さんたちからも「新潟医療福祉大学に教え子を預けたい」という大きな期待を集めていることがひしひしと伝わってきた。これで3学年合

わせて90人を超える人数となった。

私自身、大学に入って3年目となり、健康スポーツ学科教授としての「コーチ論」といった講義と併せて、「ベースボール指導実習」や専門ゼミも担当するようになった。ゼミでは、学生は一人ひとりが自らの関心に沿ったテーマについて深く掘り下げた学びを追求できる。

このゼミで感心する出来事があった。学生たちの中には、「野球の歴史」について調べてくる者もいれば、「カウントごとの得点の確率」について調べてくる者もいた。とにかく、好きな野球について、「もっとよく知りたい」「もっと深く知りたい」という学生のエネルギーは、普段の練習とはまた違った熱量を感じるものだった。


その専門ゼミのメンバーに、2期生の武田竜樹くん（上田西高）、鷹箸宏樹くん（作新学院高）という部員がいた。2人は俊足の持ち主で、試合では代走などでチャンスを作り出す役割を担っていた。

2人ともゼミでは走塁や盗塁の技術を学ぶことに強い関心を示していた。

ただ、私自身、選手時代はキャッチャーで、もともと足には自信がないタイプだった。

そのため走塁や盗塁については、高校監督時代は「相手投手のモーションを盗め」「速くスタートを切れ」などと指導してきたが、恥ずかしながらどうやって盗んで、どうやったら速くスタートを切ることができるか、具体的なことについては正直、門外漢だった。

「監督である自分が知らないなら、学生たちに学んできてもらって、その知識を逆に学生から教えてもらえばいいじゃないか」

そう、凡人である私は、学生に学んでもらい、その知識から学ぼうと考えたのだ。

そこで、当時、走力を全面に押し出して甲子園で一世を風靡していた健大高崎高校に武田くんと鷹箸くんの2人を派遣し、「実際に健大高崎の指導者から話を聞いて走塁や盗塁の技術を学んできたらどうか」と勧めてみた。

2人は喜んで群馬まで足を運んだ。そして指導者に会って、投手のクセの見つけ方や盗塁時のスタートを切るタイミング、普段の練習方法など、細かく〝取材〟をしてきた。そして後日、レポートにまとめ、ゼミで報告したのだった。

盗塁、走塁という専門性の高いものについて、実によく調べ上げられたレポートだった。私自身読んでいて〝目からウロコ〟という内容がいくつもあった。

（これはぜひ、リーグ戦で実践してみたい内容だな）

そんなことを考えていたら、調べてきた2人を中心に野球部内に「走塁研究会」なるものが立ち上がった。ミーティングルームに興味ある部員を集め、そこで「勉強会」を開き、盗塁や走塁についてディスカッションをしながら、自分たちなりの考え方をまとめ上げていたのだ。

こうした学生たちの自主的な動きが何よりうれしかった。

「監督」とは言っても、野球のことについて、何でもすべて知っているわけではない。もちろん、長年の経験から習得した指導法や技術指導、理論については一定の自信はある。しかし、当然知らないこともある。足りない知識もある。

高校の監督時代は「何回甲子園に行った」とか、「どういう大学やプロに選手を何人送った」とか、そういうことで選手から信頼をされるのだ、という意識があり、それはあたかも監督としての鎧（よろい）を身にまとうがごとくだった。

しかし、それは違うと大学に来て気づかされた。

鎧を脱ぎ去って、自分をさらけ出すことによって、選手も自分自身をさらけ出してくれたのだ。

そこでお互いの信頼関係を築き上げることができた。

大学の監督としては何の実績もない自分だったが、多くの部員が全国から集まってくれた。その中で、三部で苦労し、リーグ戦を戦っていく中で、自分自身が野球のことについて、まだまだ知らないこと、至らないことが数多くあること、そして日々学びの真っ只中にあることを痛感させられた。

私は、自分自身で鎧を脱ごうと思った。正直に鎧を脱いで、裸になることで、自分も学生たちと同じ目線で野球を学ぶことができると考えた。

そうしたら学生たちが自主的に「走塁研究会」を立ち上げ、自ら研究を始めた。そして、そのほかにも「配球研究会」、「ポジショニング研究会」、さらには「相手エース攻略研究会」なるものまででき、学生たちが手分けをして調べ、レポートをまとめ、その情報を部内に共有するようになっていた。

創部3年目…〝洗礼〟を跳ね返して

創部3年目の2015年の春のリーグ戦で、新潟医療福祉大学は初めての二部での戦いに挑んでいた。

1期生が3年生になり、それぞれが力と自信をつけていた。部員数は3学年合わせて約90人超という人数になっていた。ベンチ入り、そしてレギュラー争いが激しくなり、活気も生まれた。

二部でのリーグ戦は、松本大学、作新学院大学、そして新潟医療福祉大学の3校が7勝3敗で並んだ。優勝争いはこの3校によるプレーオフに持ち込まれた。

ところが、3校による〝巴戦〟で、新潟医療福祉大学だけが一日2試合を戦うダブルヘッダーの日程となった。

それまで経験してきた高校野球の世界では日程は平等に組まれる。1校だけが準決勝と決勝を同じ日に戦うことはあり得ない。

しかし高校野球では考えられない日程が、大学野球の世界では時として組まれることがある。我々は〝新参者〟だったのだ。

（ああ、やっぱり来たか……）

ある意味、大学野球に来て初めて味わう〝洗礼〟だった。

前日にも公式戦を戦っている選手たちは2日間で3試合を戦わなければならない。疲労もある。私は試合前、諭すようにこう話した。

「こういう日程が組まれたのも仕方がない。じゃあ、どうするか。1試合目は〝やわらく〟勝とう。最初から全力でガチガチではなく、いい意味でリラックスしながら試合に臨もう。そして1試合目に勝てれば、2試合目も必ず勝てる」

一種の暗示のような言葉を、選手たちに言い聞かせた。もちろん笑顔を忘れずに。監督である私自身がガチガチだったら、選手たちは〝やわらかく〟戦えない。

プレーオフで選手たちは奮起した。1試合目の松本大学を5対0で下すと、2試合目の作新学院大学には先発した笠原が好投、最後は同じ1期生の板垣くんが締めて、4対2で勝ち、プレーオフ2連勝で二部優勝を決めた。

会心の2試合だった。

チームの雰囲気は最高潮。その勢いのまま、一部で6位だった常磐大学との入れ替え戦に臨んだ。

第1戦では笠原が気迫の投球で9回を1失点で完投し、3対1で勝利した。

入れ替え戦は3戦のうち2戦先勝で勝負が決まる。

しかし、私は2戦目を前にあえて選手たちに発破をかけた。

「俺は高校野球の監督経験が長かったから、負けていい試合はない」

トーナメント戦では負けていい試合はなかった。ここで「あと一試合は負けられる」などと考えては入れ替え戦の流れや行方を左右すると思った。2試合で一気に決める、という気持ちだった。

その気持ちは選手たちに伝わっていた。第2戦は初回から打線が繋がり、五番の小黒くんの先制打などで初回に4点を先行することができた。5回に2点、そして9回に1点と、「先制・中押し・ダメ押し」ができ、7対2で2連勝。創部3年目で念願だった一部昇格を決めたのだった。

一部での戦い　~笠原の変ぼうとチームの成長~

創部3年目での一部昇格は、監督の自分自身としては正直、考えてもいなかった。

昇格の原動力は間違いなく、選手たちの「勝ちたい」という気持ちが個々の、そしてチームの大きな成長を後押しした結果だと思った。関甲新は錚々たる強豪大学が集うリーグである。その最高峰の一部で戦えることに喜びを感じていた。

2015年の秋、初めての一部リーグ戦に臨んだ我々は、開幕戦で平成国際大学に先勝し、一部初勝利をもぎとった、しかし、続く第2戦、第3戦と連敗し、勝ち点を奪うことができなかった。

大学野球のリーグ戦の多くは3戦のうち2勝を挙げたチームが勝ち点を獲得する。第1戦に勝っても、まだ3分の1で、試合で言えば3回までリードをしているようなもの。第3戦までを見越しての投手起用や戦い方をしなければならない。私自身は監督として初めての経験であり、一部常連校の試合運びや選手起用に〝したたかさ〟を感じながら、試合を戦っていた。

初めて挑んだ一部リーグ戦で新潟医療福祉大学は4勝9敗で、6チーム中、最下位の成績だった。関東学園大学から2勝を挙げ、記念すべき初の勝ち点を奪うことができたが、勝ち点はその「1」のみだった。

ただ、初の一部での戦いで「やれる」という大きな手応えをつかんだのも確かだった。チームのエースに成長していた笠原が常に第1戦に先発し、関甲新リーグのシーズン最多奪三振記録となる73奪三振をマークしたのだ。試合が行われる球場のバックネット裏にプロ野球チームのスカウトが次第に集まるようになっていた。

三部から二部、そして一部と上がる中で、笠原の武器である〝強いストレート〟の威力が増し、左投手独特の角度のある球、空振りを取ることができる高めの球が磨かれていった。入学当初、公立高校出身で自信がなさそうにしていた男が、マウンドで投げるたびにたくましくなっていく姿を見て、私自身も喜びを感じていた。

この秋のリーグ戦を終えた冬、笠原と進路についての面談をした時、私は初めて彼にこう告げた。

「本気でプロを目指してみたらどうだ?」

その言葉を聞いた笠原は最初、「僕が行けるわけないいじゃないですか」というような顔をしていた。

ところが、翌年2016年3月に千葉県南房総市でキャンプをした時、選手それぞれに海岸で目標を発表させたところ、笠原が大きな声で「自分はプロになります」とはっきり言った。その言葉を聞いた周りの部員たちもワーッと盛り上がった。

私自身びっくりしたが、引っ込み思案だった笠原が前向きになり〝有言実行〟の男になろうとしている……その覚悟がうれしかった。

迎えた創部4年目の春のリーグ戦で、笠原はスタートから素晴らしい内容の投球を見せる。

開幕戦の山梨学院大学との第1戦で先発し、6回を投げて無失点、11奪三振。笠原の力投もあり、チームは2対0で幸先良い勝ち星を奪うと、そこから5連勝をマーク。第3節まで連続して勝ち点を挙げることができた。

関甲新のリーグ戦は毎年、4月第1週から始まる。2月、3月と晴れ間の多い関東のチームにとってはオープン戦などでしっかりと調整してリーグ戦に臨むことができるが、我々のような雪国のチームにとってはどうしてもオープン戦の数も限定されてしまう。正直言うと、チームとしてはまだ不完全なままでリーグ戦に入らなければならない。

優勝を争う上での天王山となった王者・上武大学との試合では、第1戦で笠原が9回を投げて2失点に抑える好投で、3対2で勝利した。前年秋に最初の一部リーグ戦で対戦した時に0対10と力の差を見せつけられた上武大学に勝ったことは、チームの成長を実感できる大きな出来事だった。

第2戦は3対6で敗れて1勝1敗となり、勝った方が優勝へ大きく前進する第3戦も2対4で惜しくも敗れた。試合終盤のチャンスにあと1本ヒットが出ていたら逆転できた展開だった。試合後に泣いている選手たちを見て、そこまでの思いを持って大学野球に取り組んでいるのか、とうれしく思ったのと同時に、責任も感じた試合となった。

笠原は6試合に投げて6勝を挙げ、最多勝のタイトルを獲得。防御率0・72で最優秀防御率、そしベストナインにも選ばれた。

印象的だったのは最終戦となった白鷗大学との試合でのことだった。第1戦で先発した笠原を1勝1敗で迎えた第3戦にも先発させた。中一日での登板だったので、「なんとか5回までは頑張ってくれ」と伝えた。

ところが、1対0とこちらが1点をリードする痺れる展開の中で、笠原は5回以降も「次も行けます」と申し出てくれた。そしてマウンドに立ち続けてくれた。

頼もしくなったな……笠原の背中を見ながら、思わずそう呟いた。

入学時に自信がなさそうにしていた男が、チームをけん引している。笠原にはずっと「いい選手にはなるな。〝強い選手〟になれ」と言ってきたが、その通りの選手に成長してくれた。

1対0で完封勝利を飾ったチームは、笠原とともにまた1つ、大きな階段を昇ったのだった。

この春、チームは9勝4敗、過去最高成績となる「2位」でリーグ戦を終えたのだった。

新潟の大学から、初のプロ誕生

笠原はその年の6月、大学生の日本代表候補の合宿に招集された。惜しくも日本代表には選ばれなかったが、「紅白戦で中央球界の名のある打者と対戦できて自信になった」とさらにたくましくなって帰ってきた。

7月には新潟市のハードオフ・エコスタジアムで「日米大学野球選手権」が開催された。新潟ではもちろん初めての開催で、その運営に新潟医療福祉大学も関わらせてもらい貴重な経験ができた。

そして日本代表と新潟医療福祉大学との練習試合も実現した。創部から4年目。関甲新リーグの一部にいることで実現した、記念すべき試合だった。その練習試合では先発した笠原が4回を無失点の好投。0対4で敗れたが、新潟の大学生が日本代表の錚々たるメンバーを相手に地元で試合ができたことは大きな喜びだった。

ただ、その後、秋のリーグ戦を迎える前に笠原の調子が上がらないという出来事が起きた。ドラフト候補として迎えるプレッシャーなどもあったのだろう。

リーグ戦に入っても笠原は春のような投球がなかなかできなかった。地元のハードオフ・エコスタジアムで一部リーグ戦として初の「新潟開催」となった試合でも打ち込まれてしまった。チームも春のような勝ち星を積み重ねられなかった。

「何も考えないで、思い切り腕を振って投げてこい！」

ドラフト会議直前の、最後のリーグ戦での試合前、そう言って笠原をマウンドに送り出した。

そうしたら、笠原はそれまでとは別人のような腕の振りで相手バッターを抑えた。やはり周囲の重圧や気持ちの部分が影響していたのだろう。その試合をたまたま中日のスカウトが見に来ていた。

10月20日、プロ野球ドラフト会議の日。笠原は中日から4位指名を受けた。

正直、ほっとした。

大学に来て、最初に預かった笠原という逸材を、本人が希望するプロの世界へ送り出すことができて安どした。

指名後の記者会見で、隣に座った笠原は「秋のリーグ戦で思うような結果が出せず、不安もあった。1期生として名を汚さないよう地道に力をつけながらやっていきたい」と意気込みを話した。

その言葉を聞きながら、砂地と雑木林だけが広がっていたあのグラウンドの光景や、1期生が集まってくれた最初の練習のことを思い出していた。

あの1期生の中からプロ野球選手が生まれたこと。寒い、冬の厳しい新潟でも大学野球がやれるということを示してくれたことが喜びだった。

室内練習場では1期生が自分のことのように喜びを爆発させ、笠原を祝福していた。自分たちの代表がプロに行くことが、自分のことのようにうれしかったのだ。

思わぬサプライズプレゼント

この年の8月のとある日の夕方、私は1期生である4年生の石田航くん（高崎経済大附高）から、ＪＲ新潟駅に呼び出された。そこでいきなり目隠しをされ（！）、車に押し込められた。

（何か企んでいるな、こいつら……）

訳もわからないまま、車に乗せられて10分。車が止まってドアが開いた。目隠しをされながら車を降り、石田くんに手を引かれて、どこかに着いた。

「監督、目隠しを取ってもいいですよ」

そう言われ、そっと目隠しを取ると、ホテルイタリア軒の大広間の入り口に立っていた。

「監督、みんなそろっています！」

目の前には、１５０人を超える部員たちがブレザー姿で集まっていた。

私の60歳……「還暦」の誕生日を祝うパーティーを企画してくれたのだった。

部員が企画したサプライズ還暦お祝いで、野球場型の特大ケーキを前に喜ぶ著者

球場の形をしたケーキ、赤いちゃんちゃんこに見立てたグラウンドコート、そして花束……野球部員や学校関係者、駆け付けてくれたスポーツメーカーの関係者が、心温まる贈り物を用意してくれた。

学生たちが周りの大人も巻き込んで、こんなイベントを企画してくれた。あのバーベキューのときよりも、大人になった学生たちがたくましかった。

何よりも、私自身が思ってもみなかったこんな〝プレゼント〟に、驚いた。

胸がいっぱいになりながら、マイクを握った。

「ホントにこんな会があるとは思いもせず……こうやってお祝いをされて60歳を迎えるなんて夢のようです。

自分が若かった頃は、60歳なんて定年で、縁側で女房と一緒にお茶を飲みながら……なんていう老後を考えていました。でも世の中はだんだんそうじゃなくなってきて、60歳でもまだ世の中の最前線でやっていける。

でも、最前線でやっていくことって、本当はしんどくてつらいことなんです。肉体的にも毎日疲れて家に帰るんです。だけど、みんながこうやってこういう会を開催してくれた……こういうことがあると、乗り越えていける。『よし、また頑張ってみようかな！』という気持ちになります。

『人』とともにやっていく、年を取ったら『人の』力と一緒になって初めてやれることがあるのだとつくづく思います。

4年間を振り返ると、こんなに素晴らしい野球部になるなんて思いもしませんでした。1期生をはじめとして、その後に続くみんながこの野球部を『いい野球部にしよう』という気持ちを持って、ここまで来ました。一部に上がって、いよいよ勝負が始まります。スタートラインに立ちました。

この還暦のお祝いをしてくれたみんなを誇りに思いながら、この野球部をもっともっといい野球部にして、そしてみんなが胸を張って『新潟医療福祉大学の野球部だ』と言えるように頑張りたいと思いました。きょうは身に余る、みんなの気持ちを本当にありがたく思いました……」

私は、泣いていた。

凡人の私のもとに、これだけの学生が集まってくれた。それだけでも幸せなことなのに、こんなイベントまで開いてもらって……こんな幸せなことがあるとは、大学野球の世界に飛び込んだときには想像もしていなかった。

4年間、苦しいことも、つらいことも、たくさんの出来事があった。でも、自分の取り組みは間違っていなかった。

この瞬間、これまでの苦労がすべて、報われた気がしたのだった。

部員や関係者200人近くに還暦を祝ってもらい、幸せなひと時を過ごすことができた

第4章
―― イマドキの大学生と向き合いながら

機械音痴の私が、スマホでLINEを使う理由

私が大学生たちとコミュニケーションを取るために、よく使っているスマートフォンのアプリがある。無料でメッセージ送信などができる「LINE（ライン）」である。大学野球の指導者が学生相手に使っていることを、皆さんは意外に思うだろうか。

LINEには新潟医療福祉大学・硬式野球部の「グループ」がある。2022年度現在で、メンバー数は約400人。1年生から4年生までの現役部員170人超のほか、卒業をしていったOBたちもメンバーに入っている。

もともと、私は機械関係にめっぽう弱い。

自宅で切れた電灯1個を交換するだけでも、気分が滅入る。電化製品の説明書は読むのもおっくうになる。

高校教師だったときは、ワープロでさえ、いじることができなかった。甲子園に初出場した頃（1991年）、すでに同僚の先生方はワープロでテスト問題を作成するようにな

っていた。当時の話だが、ワープロを使いこなせるようになると、クラス担任の仕事を任されることも理由にあった。私は野球部の指導に集中したくて、ワープロの使い方をあえて覚えなかった。ワープロでの作業が得意だった野球部の部長に、カツ丼一杯をご馳走することで試験問題の清書を頼んでいたくらいだ。

とにかく、機械音痴なのだ。

ところが、大学の教員となるときに、「パソコンを使いこなせなければ仕事にならない」と言われた。恥ずかしながらようやく……と言ってはなんだが、56歳になって初めてパソコンを買った。そこで自宅の向かいに住んでいる事務系の仕事に就いているお姉さんに頼み込み、使い方を教えてもらうことになった。

早々にパソコン教室は始まった。

先生「ではパソコンを立ち上げてもらえますか？」

佐藤「……電源はどうやって入れるんですか？」

先生「ええ!?……（絶句）」

先生も先が思いやられたに違いない。

そんな私が、いまやスマホをいじり、ＬＩＮＥで学生たちとやり取りをしている。ＬＩＮＥを始めたのは大学に来てからのこと。理由は便利だったからである。

たとえばミーティングをしているときのこと。年々増えていく部員数に驚きながら、果たして自分の言葉がひとりひとりに〝刺さっている〟のかどうかが不安になることがあったのだ。

ところが、ＬＩＮＥを使って発信すると、１人→１７０人超の部員全員に「同じ言葉」を届けられる。それだけではない。

「キミのおかげで野球部が前進することができた」

という、１対１のコミュニケーションを、１対１７０人に伝えることができる。たまにはユニークなスタンプも使ってみて、学生とのやり取りも楽しい。これがＬＩＮＥの特長である。

もちろん、実際に対面して、現場で行うミーティングも大切である。

ただ、生まれた頃からインターネットが身近な環境の中で過ごし、日頃からスマホを使いこなしている、イマドキの若い子＝Ｚ世代と言われる学生たちと接し、より正しく強いメッセージを送るときに「これほど便利なツールはない」と思ったのだ。

LINEによる委員会活動のメリット

1対178ではなく、1対1、
そしてネットワーク型のコミュニケーションを実現!

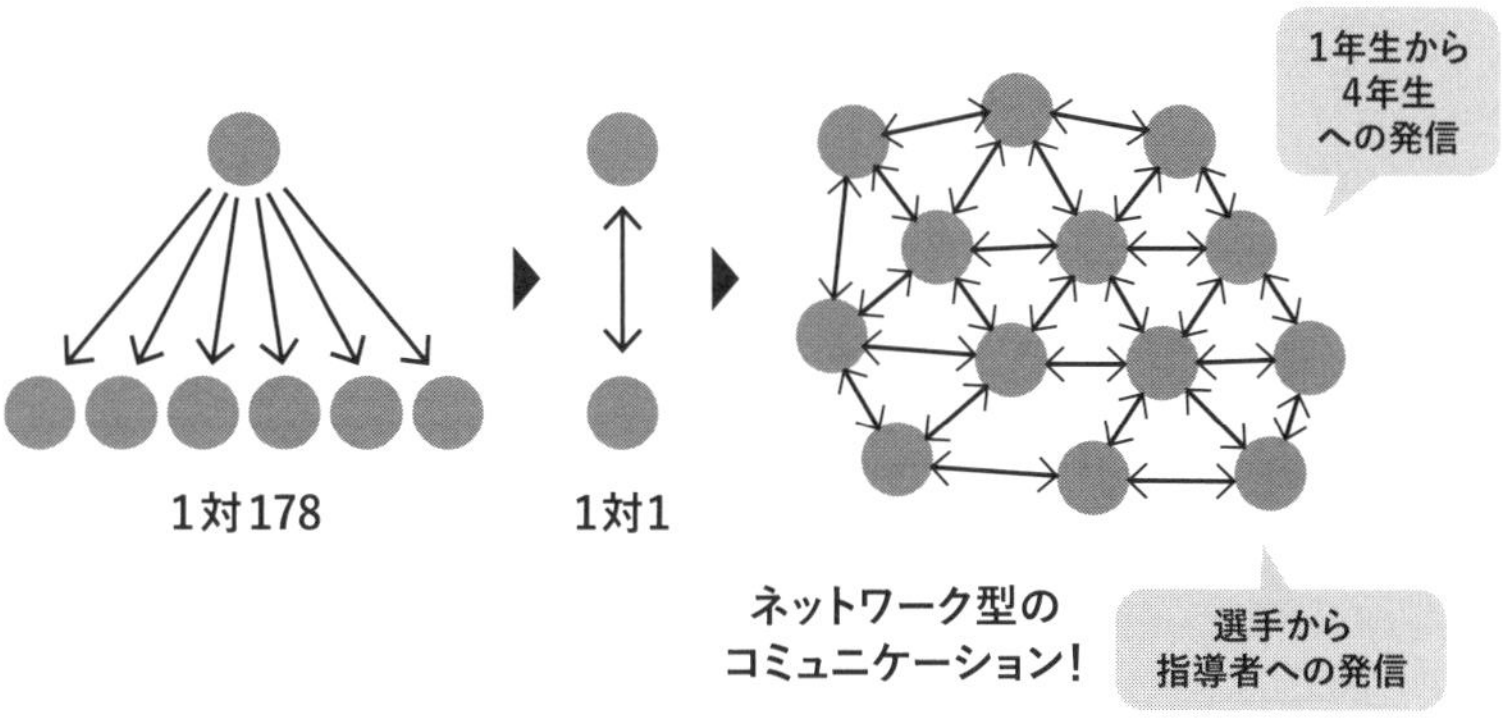

部員の成長
（主体性、積極性、発信力、コミュニケーション能力など）

リーグ戦で思いもよらなかった10戦全敗という成績になったことがある（２０１９年春）。

そのとき、ＯＢたちが後輩を励まそうとグループＬＩＮＥにメッセージをくれた。

「これから入れ替え戦、さらには新人戦と苦しく、厳しい戦いが続くとは思いますが、選手の皆さんたちなら必ず乗り越えられると信じています!」（２期生・宗像航平）

「昨年私も入れ替え戦を経験しました。主将としての未熟さを痛感させられ、チームを勝たせることのできない苦しさを知りました。しかしその経験が今、指導者としての力となっています。目の前にある現状から逃げることなく、思う存分苦しんでください。苦しんだ経験は将来必ず、自分自身を支え、力になります。そしてその苦しみを楽しんでください。楽しんだ先に最高の結果がきっとあります」（3期生・安野颯人）

先輩からの温かい言葉を見て、後輩たちが奮い立たないわけがない。そこに返した私のメッセージは次のようなものだった。

「おはようございます。経験のない10連敗に心折れそうな監督は、苦い思いを肴にたらふく酒を飲み、寝不足も手伝ってくれてぐっすりと眠ることができました。1期生とともに歩み始めて7年目の春の全敗は、鋭く心に突き刺さり、メンタルを含めてやってきたことに疑いを感じそうになります。でも今朝、二人からのチームに対するエールを読んで、腐った指揮官に強烈なゲキを入れてくれたことを感じます。この大学の野球部の歩みを止めることなく、選手を信じて頑張ります。わざわざ応援に来てくれたOBの皆にも改めて感

謝します。ありがとう！」（佐藤和也）

ときには、監督自身の偽りのない本音（あるいは弱い部分ともいえるかもしれないが）をメッセージとして送っている。

学生たちから生まれた「委員会」

ＬＩＮＥを使って効果的なメッセージを発しているのは、監督だけではない。学生たちも積極的に、ＬＩＮＥでメッセージを発している。その１つが「委員会」である。

委員会組織ができたきっかけは、部員数が増え、通学のために使っている自動車で交通事故を起こす学生が少しずつ増えてきたことだった。

そこで交通事故を少しでも減らすために、学生たちに提案し、部内に「交通安全委員会」を立ち上げた。そこで委員会メンバーがＬＩＮＥを使って、全部員に交通安全を呼びかけるようになった。

たとえば、次のようなメッセージがグループＬＩＮＥで流れてくる。

「お疲れ様です！　交通安全委員会です。今日で野球部無事故日数が５日目となりました！　これからもこの調子で気をつけて生活していきましょう。またこのところ寒さが続き、冬の訪れを感じます。したがってスタッドレスタイヤ準備を始めてください。よろしくお願いします！」（交通安全委員長）

「お疲れ様です！　今日で日標の半分である無事故日数50日を達成しました！　ありがとうございます！　この調子で目標の１００日を達成しましよう。これから事故を起こした時に言いにくくなるとは思いますが、正直に申し出てください」（交通安全委員長）

こうした事故防止の呼びかけを、学生たちが主体的に取り組むようになったのだ。

私自身も交通安全委員会の呼びかけにこう応じた。

「委員長殿、監督以下スタッフ全員……スタッドレスタイヤへの交換、完了いたしまし

た」（佐藤和也）

「特に鵜瀬さん（当時コーチ）は初めての新潟の冬ということで雪道には十分気を付けて運転してください！」（交通安全委員長）

「委員長、お気遣いありがとうございます！　無事故日数を止めないよう、気を付けます。時間にゆとりのない行動が、事故の芽になると思います。寒い日が続き、朝起きるのもおっくうになります。皆さんも一限の授業前などは特に気を付けて、ゆとりを持った行動を心がけましょう！」（鵜瀬亮一コーチ）

　このグループLINEの中では、選手も指導者も対等な立場で、あくまでも委員長がトップにあるという構図。指導者と学生のこうした関係＝フラットな関係は、恐らくほかの大学にはあまりないことだと思う。現代のコミュニケーションツールのLINEで築くことができた関係性で、ほかの部活動では類を見ないコミュニケーションができている。こうした呼びかけのおかげで、硬式野球部はこの後、最長150日の無事故を達成した。

交通安全委員会がきっかけとなり、ほかにも

・部室やグラウンド、室内練習場の美化を呼びかける「美化委員会」
・自分たちの試合結果や活動内容をSNSなどで広める「広報委員会」
・授業出席や単位取得のための意識向上を目指した「単位取得委員会」
・教員採用試験への合格を目指して情報交換する「教職委員会」
・理学療法士など国家資格、資格試験の合格を目指した「PT・AT委員会」

などの個性的な委員会活動が生まれた。

委員会の1つ、広報委員会が力を入れているのが「ツイッター」や「インスタグラム」などのSNSである。硬式野球部のアカウントを通して、リーグ戦の試合情報やプレー写真、試合で活躍した選手のインタビューなどの動画を積極的に撮影・アップし、部の活動内容を広く知ってもらおうと努めている。

新潟医療福祉大学・硬式野球部のツイッターアカウントのフォロワーは2022年度現在で4000人を超えている。その内容も評判がいい。

学校や部によってはSNSなどの利用を禁止しているチームもあるようだ。

たしかにSNSは発信の仕方や投稿内容を一歩間違えると〝炎上〟などの予想もしなかった出来事が起きる怖さがある。

しかし、現在は企業もSNSのアカウントを持ち、自社のPRなどに積極的に活用する時代である。学生時代からSNSを積極的に使うことで、デジタル化に対応する能力が高まる、社会に出たときに大きな力となるのではないだろうか。

部員たちにはどんどんSNSを使って、自分たちの活動内容を積極的に発信してもらうとともに、〝ファン〟〝フォロワー〟の声を、部活動を頑張る力に代えていってほしいと思っている。

どの委員会も、私たち指導者が「こうしろ」「ああしろ」と言って学生が始めたものではない。学生の方から自然発生的に生まれていったものである。

学生の〝自主性〟を尊重した取り組みは、野球の面だけでなく日常生活も含めて新しい歩みを生み出していった。

大所帯になったからこそ……学べること、できること

2016年春、創部4年目で初めて4学年がそろったとき、1年生から4年生まで合わせて126人という大所帯になった。

ありがたいことだった。

5年前、グラウンド予定地に初めて立ったときには想像もつかなかった人数の部員が、新潟県内だけでなく全国の高校から集まってくるようになった。

それだけ、ウチの大学の野球部の取り組みが、高校生から関心を持ってもらえるようになり、高校の指導者から信頼を得るようになった表れだと思う。

一方で、想像を超える〝大所帯〟になったことで、平日の授業後、午後3時から行われる全体練習ではグラウンドにあふれるほどの部員が集まるようになった。

ランニング、アップ、そしてキャッチボールを終えると、全体をいくつかのグループに分けて練習をしなければならない。

部員数は2022年にはついに170人を超えるようになった。

春と秋のリーグ戦が近づいてくれば、この中から約30人のベンチ入りメンバー＝いわゆる「Aチーム」を選ばなければならない。そして、そのほかの140人超の部員がベンチ外＝いわゆる「Bチーム」となる。

高校時代にはレギュラーだった選手たちがほとんど。ある程度「やれる」と思って入部してきた選手たちが多いはずだ。

しかし、その中でレギュラーになれる者、なれない者、ベンチに入れる者、入れない者が物理的に出てくる。学生たちにとっても、厳しい世界でもある。

練習をするスペースは限られている。メイン球場と室内練習場、ブルペンだ。170人全員が同じ練習メニューを、同じ量、こなせるわけではない。

特に春と秋のリーグ戦期間中の全体練習はどうしてもAチームメンバーを中心に時間と場所を割いた練習をせざるを得なくなる。部を代表して戦うメンバーに十分な練習時間を与えなければ、相手チームと〝平等〟な戦いができないからである。

では、ウチのチームの練習は〝不平等〟なのかと言えば、そうではない。

新潟医療福祉大学は、全体練習の時間が短いという特長がある。シーズン中の平日はだいたい午後3時から練習が始まり、午後6時には全体練習が終わる。
その後は個人練習（自主練習）の時間となる。部員によっては夕ご飯を食べてから、再び練習にやって来る者もいる。トレーニング室で器械を使ったウェートトレーニングに汗を流す者もいる。

自主練習の時間は一人ひとりが自分の課題や目標に向き合う。そしてそこに向かって努力できる環境を整えている。言われたことをやるだけではなく、自分自身で足りないと思うところを補って練習するようでなければ、メンバーに、そして試合に出られる選手になれない。

新潟医療福祉大学はこうして「練習をしたい」という部員の機会を〝均等〟に与えることで、部全体の〝平等〟を確保していると考えている。

振り返れば、ウチの大学からプロの世界に羽ばたいていった4人の投手……笠原祥太郎（1期生・横浜DeNA）、漆原大晟（3期生・オリックス）、桐敷拓馬（6期生・阪神）、佐藤琢磨（6期生・ソフトバンク育成）は、それぞれ自主練習の時間を大切にしていた。

入学してきたときには「この選手はプロ野球選手になれる」と思った選手はひとりもい

なかった。しかし4人とも自主練習の時間を大切にし、時にはウェートトレーニングで下半身を鍛え、時には鏡に向かってフォームをチェックする……自分自身の課題と向き合い、克服していった。自主性を大切にする野球部の空気の中で、一歩一歩成長の階段を昇り、そして高校時代まで中央球界で無名だった投手が、プロ野球選手として新潟からドラフト指名を受けるまで成長することができたのだ。

積み重ねる地域貢献

新潟医療福祉大学が大切にしている活動の1つが、地域で行う「野球教室」である。ここでは部員が手分けをして「講師」を務め、小学生、中学生への指導を行う。

子どもの野球離れが急速に進む中、特に学童チームの数は急激に減少していて、地域の指導者も減っているのが現状である。

その中で我がチームの部員たちは、大学の授業で「野球指導論」「野球指導法実習」を学び、その授業の一環として学生自らが考えたメニューで野球教室を行っている。ヒジから指先にかけて正しい投球動作を身につけられるボールの的当てゲームをしたり、子どもたちに飽きがこないようなゲーム感覚のメニューを考案したりするなど、学生たちが試行錯誤をしながら各地で教室を開いている。

１７０人超の人数がいる部員の中には将来、地域で学童野球や中学野球、高校野球の現場での指導者を目指す者もいる。人に教えることで、野球に対する理解が深まることも多い。子どもたちに教えることは、学生にとっての学びの場ともなっている。

また、Ｂチームの選手たちはシーズン中、新潟県内の高校生との練習試合を積極的に実施している。Ａチーム入りを目指すＢチームの選手にとっては貴重な実戦の場となり、高校生にとってはレベルの高い大学生を相手にすることで〝仮想強豪校〟との力試しの場となる。

高校生は金属バットを使い、大学生は木製バットを使うため、実際に試合をしてみるといつもきっ抗した展開となる。特にコロナ禍で県外遠征が大きく制限された２０２１年には公立・私立を問わず、県内の高校とかなりの数の練習試合を行った。こうしたことが新潟県内の高校野球のレベルアップにつながることに寄与できるのではと考えている。

たしかに、１７０人超もの部員がいれば、レギュラーになれるのはほんの一握りである

毎年各地域で実施している野球教室。子どもたちが興味を持つように遊びながら
野球の動きをマスターできるメニューを学生が考案している

かもしれない。

しかし、新潟医療福祉大学の硬式野球部は、リーグ戦で勝つことだけを目的としている部ではない。プロ野球や社会人野球の世界に人材を輩出することは大切ではあるが、それだけを目的としている部でもない。この野球部が新潟県や社会から必要とされる集団になることを目指している。

ここで4年間野球を続けた部員たち一人ひとりが、自分なりに努力をし、自分の役割を見つけ、そこで何かをつかみ、学び取って社会に出てほしいと常に考えている。

そして、いざ社会に出たときに、この4年間で学んだことをいかして、会社や組織で力を発揮し、社会の代表となれる人間になってほしい、というのが私の願いであり、この硬式野球部を10年間続けてきた原動力である。

大人数であることが、デメリットではなく、大きなメリットとなり、部員たちが野球を通しての学びを得てほしい。そして「この大学に来てよかった」と思ってもらえる指導をしていきたいと、いつも考えながら指導にあたっている。

ＡＩの時代で生きていくために

２０２０年代に入ったいま、学生たちは〝海図なき航海〟に出ようとしている。ＡＩ（人工知能）の進化と社会への浸透で、今後の世の中は我々の想像を超えた変化の時代に入っている。

２０１５年にオックスフォード大学と野村総研が発表した試算によると、日本の労働人口の約半数がＡＩやロボットなどで代替可能になるという。今後、ＡＩの発達によって無くなる仕事もあると予想されている。

一方で、ＡＩが苦手な分野や人間に代わることができない仕事もあるという。たとえば、何かをゼロから生み出す仕事（クリエイター、デザイナー）や、自分と異なる他者とコラボレーションできる能力を要する仕事（弁護士、学芸員）などである。

私たちがこれまで過ごしてきた社会は、言うならば〈安定と統制の時代〉であったと言えるだろう。

組織には上下関係があり、その中では元気なあいさつが求められ、そして精神論が尊ばれた。マナーを守り、ルールを守ることが大切で、組織内の調和を崩さず、指示に忠実に従うことが求められた。大学の運動部に代表されるような〝体育会系的な人間像〟がこれまでの社会には求められてきたのである。

ところが、世の中はＩＴの進化、グローバル化、そしてＡＩの急速な進化で、これまでの考え方や行動様式を変えざるを得ない状況になってきた。つまり〈安定と統制の時代〉で求められてきた力〉以外の力をつける必要が出てきた。

では、これから先はどのような力が求められてくるのか。これから迎える新しい時代は〈変化と創造の時代〉であると考える。

ＩＴ、ＡＩが進化する中で、絶えず仕事の内容や組織を見直し、変革し、そしてグローバル化の渦の中で変化に対応をしていかなければならない。その世界の中では多様性を受け入れ、変化に柔軟に対応し、ゼロからイチを生み出す創造的な力、主体的に物事を変革する力……そういう力が求められる。

そうした時代に大切な姿勢は、自主性や向上心、共感力……つまり「学び」の姿勢である。自分が知らないこと、知らない分野に出会ったとき、そこで新たな知見や知識を学び取ろうという姿勢、そこで何かを感じ取ろうとする力＝受信する力が大切になる。

大学生にはそうした力を、日々の大学生活、そして部の練習の中から身につけてほしい……そう思いながら野球部の運営を続けてきた。

これから先の日本は、あるいは世界は、これまで得てきた知識や考え方では通用しない、不確実で不透明な時代が待っている。

その中で生き抜いていける学生を育てることは、野球で勝つことと同じくらい、いやそれ以上に大切な役割だと私自身は思っている。

勝ち負けがすべてか――

大学野球の世界に来て10年。身に染みて感じている言葉がある。
気がつくと、口をついて出てくる言葉である。

勝ち負けがすべてではないけれど、
やっぱり、勝ち負けがすべてなのである。
でも、勝ち負けではないのだ。

なにやら禅問答のような言葉だが、これが勝負と教育との世界で生きてきた私の辿りつ
いた境地なのである。

記憶に深く刻まれたシーズンがある。２０１９年の出来事である。
春の一部リーグ戦で、チームはなんと10戦全敗という成績で終わった。
エースの飯塚亜希彦くん（上越高　現・ロキテクノ富山）が痛めた右ヒジの影響で出遅
れ、エース不在のままリーグ戦を戦わざるを得なかった。
毎週毎週、試合が行われる関東に3～4時間をかけて車で移動をする。しかし、なかな

か勝利をつかめない。2連敗して、気持ちが落ち込んだまま、新潟に戻ってくる。車窓から差し込む夕陽の光がなんとも言えない寂しさを連れてくる。勝って目にする夕陽と、負けて目にする夕陽では、こんなにも違うものかと思った。それでもまた次の週末には試合がやってくる。

高校野球は春夏秋とすべての大会が負けたら終わりの〝トーナメント戦〟である。勝って初めて次の試合がある。たとえ負けたとしても「よし、次の大会では頑張ろう」と気持ちが切り替えられる。高校野球では敗戦は〝リセット〟になるのだ。

ところが〝リーグ戦〟である大学野球は、そうはいかない。

負けても、負けても、翌週には新たな試合がセットされている。これが精神的にしんどいのだ。高校野球の監督時代には経験しなかった辛さだった。

高校野球では、勝って、勝って、「上」を見据えた戦いができる。

ところが大学野球では負けが込むと、入れ替え戦という「下」を向いた戦いを意識しなければいけなくなる。

一部のチームにとって、二部に降格することは何としても避けなければならない。なぜなら二部降格は全国大会である「大学野球選手権」に挑戦できないことを意味するからである。

高校野球はどんな学校でも「甲子園」につながる戦いができる。

ところが大学野球では二部の学校はどんなに勝っても大学野球選手権にはつながらない。一部の優勝校のみが挑戦できる。逆に言えば一部の大学はどんな大学でも全国につながる道がある。

だからこそ、一部校である地位を死守しなければならないのだ。

大学野球の現場に来て、気づいた〝厳しさ〟がもう1つある。

それは、学生への指導で正しいことを教えたら、それでOKという世界ではないということである。

一般的な大学の先生であれば、授業を行い、黒板に伝えたいことを書くなどして、学生に正しく知識を伝えたことで「教えた」ということになる。これで指導は終わりで、テストの出来が悪ければ、それはテストができなかった学生が悪いということになる。

ところが、私たちのようなスポーツチームの指導者は、指導して、そのことを学生ができるようになって、うまくなった……しかし、ここで終わりではなく、その指導した内容を表現して、試合をして、相手に勝って、初めて「指導した」と言われるのだ。選手に納得させて、やれるようになって、最後に勝って、初めて指導したことになる。

これが現場の厳しさである。

だからと言って、勝てばOK、負ければダメ、という勝利至上主義がいいというわけではない。「勝ち負けがすべてではないのである」。

けれど、勝負事は試合を勝つことでしか得られないこともたくさんある。勝って初めて見える世界もある。喜びもある。やはり「勝ち負けがすべてなのである」。

でも、やっぱり、勝った、負けた、だけが野球の、そして人生の尺度ではない。だからこそ、もう一度、「でも、勝ち負けではないのだ」。

36年間、監督という仕事を続けてきて、これが肚の底から出てくる、偽らざる言葉である。

勝負事は難しい。そして厳しい。

刹那のような、勝った、負けた……で、人は判断しがちである。あのチームは強い、あのチームは勝てない、あの指導者は優れている、あの指導者はダメだ……等々。

しかし、現場で学生たちと向かい合う我々は、刹那の「勝った、負けた」でブレてしまってはいけないものがある。

それはまるで回る〝コマ〟のように、己の中心に伸びる真っすぐな軸のようなものである。どんなに回転しても、振り子のように左右に傾いても、中心に真っすぐな軸があれば、土台が斜めになろうが、U字型になろうが、コマは安定して回り続けることができる。

勝ったからすべてがOKということではない。

しかし、負けたけどいい勝負だった、ではチームは前に進めない。

負けを認めて、負けからのスタートを切るのだ。

重ね続ける「勝ち」に意味があるときもあれば、「負け」から再スタートをして「勝ち」を越えることもある。

この大学には様々な選手が集まってくる。高校時代に甲子園で勝った者もいれば、負け続けてきた者もいる。

その負けから転じた力や、勝ちを求める力をつけてあげたいと思う。

人を育てていくということはどういうことなのか。砂地に種をまき、花を咲かせるためには何が大切なのか。
改めてもう一度、この言葉を胸に刻みたい。

勝ち負けがすべてではないけれど、
やっぱり、勝ち負けがすべてなのである。
でも、勝ち負けではないのだ。

第5章 —— 次代へのメッセージ

バトンタッチ

2019年12月20日。私は大学で記者会見に臨んだ。

自分は「総監督」となり、鵜瀬亮一コーチが後任の新監督に就くことを発表したのである。

「この大学に来て、7年間監督をさせてもらいました。3年目に思ってもいなかった一部に昇格することができ、リーグ戦の準優勝も経験しました。優勝の栄冠は新体制に託したいと思います。新潟明訓高校で29年間監督をし、計36年間、現役の監督を続けることができました。その間、1人も命を落とさず、大きなケガ人もなかったことが自分の一番の誇りです。甲子園に出場したこと、プロ野球選手を輩出できたことなど、楽しい思い出もありますが、現場の監督業というものは非常にヒリヒリしたものでもありました。しかし優秀なスタッフに支えられ、無事故で終わることができることに感謝しています」

記者会見の冒頭、私は率直な気持ちを述べた。これまでの出来事が瞼の裏に浮かんでいた。36年にも及ぶ監督生活は、どちらかと言えば苦しかったこと、悔しかったことの方が多かった。だからこそ、うれしかったことや心温まる思いに包まれたことなどが、鮮やかな記憶として刻まれている。

そして、自分をここまで育ててくれた野球というスポーツへの、感謝の気持ちが溢れていた。

「ここまで来ることができたのは、すべて野球のおかげです。料理人がいろいろな店を回って、最後に包丁を置くような、そんな寂しさがあります。しかし、この大学が期待する上の段階に進むために、総監督として今までやりたくても忙しさの中でできなかったことに今後は取り組みたい。同時に、ウチの大学がいろいろなアマチュア野球のセンター的な役割を果たす……野球を始めていない子どもたちに学生たちと一緒に野球教室を展開したい。まだまだ大学や野球部に貢献できることがあり、残された任期の中で総監督として、野球部、大学、そして新潟県の野球界のために最善を尽くして参りたいと思います」

退任を考えたワケ

監督退任を考え始めたきっかけは、体力的なことがもちろんあった。63歳になっていた体が、徐々に自分の思う通りにならなくなっていることを感じていた。この年は腰など3度の手術を経験し、長時間イスに座ることが難しくなっていた。

しかし勇退を考えた一番の理由は、自分自身の「記憶力」に衰えを感じるようになっていたことだった。

その年の春のリーグ戦での出来事だった。

試合途中、ある場面で代打を告げようと球審のもとに向かった。その瞬間、選手の名前が出てこなかった。慌ててベンチに戻ってホワイトボードに記された名前を確認して、ようやく代打を告げることができた。

また、別の試合では相手のブルペンで準備していたある投手について、自分の記憶にあるその投手のイメージと、学生コーチが告げてきた相手投手の情報が、異なっていたという出来事があった。自分自身で「そうだったかな?」と思う場面があったのだ。

野球というスポーツは、一球一球、一打席一打席、一イニング一イニングで下す監督の判断が試合の流れを大きく左右する。若いときは、たとえば相手打者のそれまでの打席のデータはスコアを見なくても全部頭に浮かぶくらい、記憶に残っていた。

その記憶が怪しくなってきた。相手のデータが瞬時に出てこないということが試合中にたびたび起こった。

凡人である自分は、若い頃から相手チームの研究を徹底的にし、情報をインプットすることで、天才たちに勝負を挑んできた。天才には何もしなくてもひらめく才能がある。しかし凡人であるこちらは、ひらめくためにありとあらゆる情報を拾い集め、試合にいかそうと努力してきた。

しかし、加齢とともに記憶の衰えが気になってきた。

（ひょっとすると他にも大切な何かを落としてしまっているのではないか）

そんなことを思うようになったのが、監督退任を決断した理由だった。

私の後任となる監督を託した鵜瀬亮一さんは、２０１６年春からコーチを務めてきた。鵜瀬さんは大阪府の出身で、華やかな球歴と異色の経歴を持っていた。

智弁和歌山高校では2年生だった１９９７年夏に二番・左翼手として甲子園に出場し、全国制覇を成し遂げた。翌年には智弁和歌山の主将も務めている。いわゆる〝野球エリート〟の道を歩んでいた。

しかし、進学した早稲田大学では野球から距離を置いた。「高校時代にやり切った」という思いがあったという。その後、ＪＲ西日本に就職し、山陰線で列車の運転士を務めた。ところが、社会人になって3年目に転機が訪れた。２００５年4月に発生した福知山線の脱線事故を社員として目の当たりにした。そのときに「このままずっと会社員として働くのがいいのか、と考えたとき、『もう一度、野球をやりたい』と思った」という。

ＪＲ西日本を退社し、早稲田大学大学院に進学。教員免許を取得し、埼玉の私立本庄東高校で野球部の指導者となった。

私との出会いはちょうどその頃だった。

鵜瀬さんの経歴を聞いて、私は魅かれるものがあった。一度は野球界から離れたものの、思いを持って戻ってきたというところに、現在の野球界が抱えるさまざまな課題を変えていく力を持った人材だと考えた。

私は鵜瀬さんにコーチ就任をお願いし、快く引き受けてもらったのである。

千の準備、一の勝負

鵜瀬さんという、得難い人材が新潟に来てくれたことは望外の喜びだった。

コーチ就任のため新潟に来てから4年が経ち、一緒に野球部の運営に関わる中で、私の後継になるのはこの男だ、と確信するようになった。

私が大学野球の世界に入ったとき、高校時代に甲子園だけを目標として野球をやってきた学生たちを相手に、「自分にとって野球とは何なのか」ということを主体的に考えてもらえるような野球部を目指したいと考えた。やらされる野球ではなく、自ら進んでやりたいと思える野球である。

鵜瀬さんは高校時代は全国制覇を経験した球歴の持ち主である。しかし大学ではあえて野球から離れた学生生活を送っていた。卒業後は会社員として安定した生活も送っていた。ところが、そうした生活を捨てて、彼は再び野球界に戻ってきた。

彼がコーチとして我が野球部に来てくれることになったとき、ある関係者から「大学で野球をやっていない人間に大学生を教えることができるのか」ということを言われた。

そのとき、私はこう答えた。

「大学時代に四番や主将をやってきた人間ならば、必要ありません。いろいろな思いを持って、自分を見つめ直し、そして野球に戻ってきた人間だからこそ、ウチの野球部に必要なのです」

さまざまな課題を抱える大学野球界、そして野球人口減少に直面している日本の野球界だからこそ、鵜瀬さんのような経歴を持っている人間が、野球界を変えていってくれる力を持っていると確信している。

コーチ時代から鵜瀬さんとはいろいろな話をしてきた。自分自身の監督としての経験、試合中の考え、学生との向き合い方……時には美味しい新潟の日本酒も交えながらざっくばらんに自分の思いを伝えてきた。

あるとき、鵜瀬さんが監督としての悩みを聞いてきた。

「作戦がすぐに頭に出てこないことがあります。どうしたらいいのでしょう？」

そこで、私は目の前にある日本酒の徳利を指さしながら、こう言った。

「たとえば、このお酒を一口飲む。『ああ、美味い』と思う。それは『これこれ、こういう理由があるから、このお酒は美味い』と考えるから思うのではなく、〝感〟じるものだ。新潟の土地で暮らし、土地で採れた食べ物を口にしながら、この土地でつくられた日本酒を飲む……理屈抜きに美味いと感じる。試合中の作戦も同じ。こういう場面が来たからこういう理屈でバントだ、ではなく、瞬間、瞬間で『ここはバント』、『ここはエンドラン』と作戦が瞬時に出てくる。その感性を磨くことが大事なんだよ」

采配の理由は後付けでしか説明できない。そんな瞬時の判断力こそが監督に必要だと思うのだ。

私が好きな言葉に「千の準備、一の勝負」というものがある。

1つの試合、1つの大会を勝ち抜くためには「千の準備」をして臨まなければいけない。

しかし、どんなに準備をしてきても、準備を仕切れない「一の場面」という勝負の場面が必ず出てくる。それは「五分五分」の場面である。

そうした場面に遭遇したとき、「感」「観」「勘」という3つの「カン」を使って、勝負をしなければならない。そのために常日頃から「カン」を磨くことが大事だと思っている。

監督就任の記者会見で鵜瀬さんはこう答えた。

「佐藤監督からは、千の準備、一の勝負という言葉を教えていただいた。学生と一緒に千の準備をする。しかし『一の勝負』の場面というのは、いい加減な準備をしていたり、ふさわしくない取り組みをしたり、そういうチームには訪れない。そういう場面で勝負できるチームになるよう、学生たちと頑張っていきたい」

新潟に来て、新潟のお米を愛し、日本酒の味を覚えた。そして、どんどん日本酒に強くなっている。

新潟に家を建てて家族と暮らすようになった。新潟に骨を埋める覚悟を持って、学生たちの指導に当たっている。その気持ちを持ったこの青年に、この大学の野球部の未来を託した。

鵜瀬亮一コーチ（当時・右）に監督のバトンを渡す記者会見に臨んだ著者。高校野球29年間、大学野球7年間、計36年間の監督生活に区切りをつけた

新監督就任の記者会見で鵜瀬新監督は真っすぐ前を見据えてこう言った。

「昨日の納会で佐藤総監督より公式戦用のユニフォームを手渡されました。その瞬間から、自分自身の口数が極端に減りました。けさも3時くらいに目が覚め、何度もトイレに行きました。新潟に来て4年目。佐藤総監督からグラウンドはもちろん、授業やゼミ活動を通していろいろな経験を伝えられ、そのすべてが自分の糧になっています。これからも学生が部活動や社会貢献活動で学ぶことができるような運営をし、新潟県の野球界のため、新潟の社会から必要とされるような野球部であり続けるために一生懸命頑張っていきたいと思います」

うれしい言葉だった。この男にバトンを渡すことができてよかったと思っていた。

そして、鵜瀬新監督はこう言い切った。

「プレッシャーがなければ成長しない。大きなプレッシャーの中で頑張りたい」

この男を後継監督に、と思ったのは、こうした言葉の持ち主だからである。

水島新司先生からのプレゼント

2022年1月10日、『ドカベン』などの代表作で知られる新潟市出身の漫画家・水島新司先生がお亡くなりになった。82歳だった。
寒い日の朝の、突然の知らせだった、
前年の暮れ、東京に行った折に、虫の知らせではなかったのだろうが、四谷3丁目にある居酒屋『あぶさん』を訪ね、懇意にしている店のオーナーに最近の水島先生の様子をうかがいに行ったばかりだった。

水島先生は、かつて新潟明訓高校があった新潟市白新の近くにご自宅があった。そのことが縁となり、『ドカベン』には「明訓高校」が登場する。

1984年に新潟明訓高校の監督を引き受けたときに、最初に頭に浮かんだのが「ドカベン」の明訓高校だった。

「甲子園に出場して、本当に〝明訓高校〟が新潟にあるんだということを全国の人たちに知ってもらいたい」

監督となって最初に思い描いた夢は、水島先生の漫画がきっかけだった。

その夢は1991年夏に現実のものとなる。

小林幹英（現・広島コーチ）というエースを擁して、甲子園初出場を決めた。そのときに水島先生から電話をいただいた。

「本当の明訓高校が甲子園に出てくれてうれしい」

試合当日にはアルプススタンドに応援に駆け付けていただいた。

さらにその年にはドカベン連載中の「週刊少年チャンピオン」で「明訓対新潟明訓」の模様を読み切り漫画として掲載していただいた。神奈川県から山田太郎や岩鬼正美ら明訓高校の選手たちが新潟市までやって来て、新潟明訓高校と練習試合を行うという設定だった。私を含めて、当時の選手たちが実名で登場し、感激した。

水島先生は甲子園の初出場を記念して、ドカベン全巻を新潟明訓高校に寄贈してくれた。私は監督室にドカベンを置いて、暇さえあれば読み込んでいた。

ドカベンがお手本だった

漫画『ドカベン』は1972年、私が高校野球を始めた1年生の時に、連載が始まった。毎週発売される「チャンピオン」を楽しみにしながら、大きな影響を受けてきた。

どんな影響を受けてきたかと問われれば、高校野球の監督になった頃は「全国制覇をした強豪校としての憧れ」と、「理解することが難しいルールを教えてくれるバイブルのような存在」と答えてきた。

水島先生がお亡くなりになられて、同じ質問を受けたとき、受けてきた影響は自分の中で変化し、読み返すほどに自分の理想とする野球部の在り方を変えてくれたことを、思い知らされた。

私自身が監督生活36年間で追い求めていた野球は「ドカベン」の野球だった、ということを……。

「ドカベン」の連載が始まった頃の高校野球の世界は、強いチームと言えば、統制が取れ、監督の指示には絶対服従、「はい！」と「いいえ！」以外の言葉は無用、どんな不条理も耐えることが勝利の方程式とされていた。今やっている練習が、チームにとって必要かどうかは二の次、言われたことをやり切ることだけがすべてだった。

そんな時代に、個性豊かな、いや、強烈な個性の部員たちが、互いの良いところをいかしながら連帯し、ぶつかり合う。そして、自らの手で工夫した練習を積み重ねていく。

ドカベンで描かれているのは、キャラクターの「顔」＝個性が見える野球だった。チャンスに強くてチームメイトの信頼が厚い山田太郎、悪球打ちで長打を飛ばす岩鬼正美、打席で秘打を駆使する殿馬一人、アンダースローの小さな巨人・里中智……選手それぞれに強烈な個性があった。

そしてそれぞれの個性が、異なる役割を果たしていた。普段は言い争いなどがあっても、試合となればそれぞれが良いところを発揮し、補完し合い、埋め合って、勝利をつかみ取っていった。

その姿は新潟明訓、そして新潟医療福祉大学で監督を務めてきた中で理想としてきたチーム像だった。

良いチームには「顔」が見える選手の存在があった。エース、四番打者、キャプテン、そしてその周りを支える選手たち……それぞれに個性があり、役割があった。大きな打球を飛ばせる選手、バントが巧い選手、足が速い選手、ベンチを明るくする選手……私が目指していたのはそれぞれの個性を尊重し、それを伸ばす野球だった。

それは、まさしく今の時代で求められている「多様性（ダイバーシティー）」の考え方、そのものである。

水島先生は今の時代の到来を予知していたのだろうか？

そして私自身、ドカベンの中で明訓高校の指揮を執る「徳川家康監督」のようになりたいと思っていた。普段は目立たないが、試合の、それも重要な場面で思いもよらない作戦や緻密な戦略を立てて明訓高校を勝利に導く。

時には選手たちに自由にプレーをさせ、時には何にも知らないような顔をして実は選手たちが徳川監督の手のひらの上で踊らされていた、という試合もあった。

ドカベンが描かれた時代は１９７０年代で、あの頃はまだ監督が厳しく、そして目立った時代である。その時代に監督という存在をあえて普段は目立たないキャラクターとして描いていた。

水島先生が亡くなってから、改めて自分自身のことを振り返ってみて、知らず知らずのうちにこれまでの選手育成にも、試合の作戦にも、『ドカベン』が大きな影響を与えていたことに気づかされた。

ドカベンのように選手の自主性を尊重する野球は、新潟医療福祉大学が目指している野球である。

水島先生の先見性に驚かされるとともに、そのご功績に報いる活動をしていきたいと改めて心に誓った次第である。

第6章 —— 野球の未来へ

野球界で活躍するOBたち

56歳で高校野球の監督を辞め、大学野球の世界に身を転じて、2023年春で丸10年が経つ。

振り返ればあっという間の10年間だった。

大学野球の世界に足を踏み入れたとき、新潟県内では私立大学による「大学野球」は未踏の地だった。

それが今では関甲新大学野球連盟の一部校として、春と秋にリーグ戦を戦っている。部員数は最初の年の31人から、今では4学年合わせて180人近い大所帯となっている。

このうち、新潟県内の高校出身者は59人もいる。

かつて、新潟の高校生が大学で野球を続けようと思ったら、主に首都圏の大学に進学しなければならなかったが、この10年間で新潟医療福祉大学がその受け皿として認知されるようになった。

この間、プロ野球選手が4人誕生した。

1期生の横浜DeNA・笠原祥太郎、3期生のオリックス・漆原大晟、6期生の阪神・桐敷拓馬とソフトバンクの佐藤琢磨、の4人である。4人はプロの厳しい世界で必死にもがきながら、日々成長をしている。

一方で、この大学の野球部が生み出そうとしているのはプロ野球という華やかな世界へ羽ばたく人間たちだけではない。


2022年10月、うれしい報告が私のもとに寄せられた。

新潟県の中学軟式野球の新人大会（オンヨネカップ）で、1期生の山田翔平くんが監督を務める十日町市立南中学校が県大会初優勝を果たし、2023年春に行われる全国大会への出場切符を手にしたのだ。

山田くんは群馬県の出身で、笠原などと同じく1期生として硬式野球部に入部した。レギュラーにはなれなかったが、コツコツと努力を重ねるタイプでチームを縁の下から支えてくれた。

卒業後に中学校の教諭免許を取得し、新潟県の採用試験に合格した。そして22年春から十日町市立南中学校に赴任したばかりだった。硬式野球部の卒業生で初めて、それも1期生が「監督」としての全国大会出場切符をつかんだのだ。

「佐藤総監督から学んだ野球を、少しでも子どもたちに伝え、野球を楽しいと思ってもらえるような指導を心掛けたいと思います」

そう言って、優勝報告をしてくれた山田くんを誇りに思った。


いま、新潟県内だけでなく、全国各地で野球人口の減少が著しい。

新潟県の中学校の部活動（軟式野球）の部員数（男子）は、この10年で６４９０人（２０１１年）から３２７８人（２０２１年）にまで半減した。

高校野球も公立高校を中心に部員不足は深刻で、夏の新潟大会の参加チーム数は１９９７年の１０８チームを頂点に、２０２２年は連合チームを含め71チームとなり、25年間で約３分の２にまで減少した。

理由は様々ある。

少子化に加え、野球はサッカーに比べるとルールが複雑で幼少期から始めるのには難しいこと。グローブやバットなど道具の高騰。プロ野球の地上波テレビ中継の減少、などがジワジワとボディブローのように効いて減少が加速化している。

そしてその影響もあり、学校の教師や地域の少年野球チームの若い指導者も減り続け、学校の部活動や地域のチームが存続できない事態も起きている。

こうしたなかで、地域で子どもたちに野球を教える力＝「地域指導力」をいかに確保していくかは、野球界にとって急務となっている。

私自身は2021年度から、新潟県の軟式野球を統括している新潟県野球連盟の副会長の任を拝命した。

ずっと硬式野球の世界で過ごしてきた私だが、軟式野球の裾野が広がらなければ野球人口は増えていかない、と考えている。

大学に女子野球部を

もう1つ、新潟県の野球界の活性化に向けて動き始めたことがある。

それは大学に「女子硬式野球部」を創設することである。

新潟県の女子野球は全国でも先駆けた先進的な動きをしている。

10年以上前から新潟県では小学生の女子野球選抜チームが編成され、全国大会で何度も優勝している。

２０１３年には新潟市の開志学園高校に「女子硬式野球部」が県内で初めて創設され、新潟県内だけでなく全国から部員が集まっている。２０２１年には春の選抜大会で全国優勝を果たしたほか、２０２２年夏には全国高校女子選手権大会の決勝戦に進出し、甲子園でプレーをするという女子野球選手としての夢を叶え、惜しくも敗れたが準優勝という立派な成績を残している。

実は、先ほど紹介した中学校の部活動（軟式野球）のデータで、新潟県では男子部員の数が10年間で半減しているが、女子部員の数は18人から95人と5倍以上に増えているのだ。つまり、野球をする男子はどんどん減っているが、野球女子はどんどん増えているのである。

こうした動きがあるなかで、私はいま新潟医療福祉大学に女子硬式野球部を設立するために走り始めた。「女子野球の活性化」こそが、今後の野球界の行方を左右するのではないかと思ったからである。

その根拠には全国の高校に女子野球部が50校ほどに増えていること、そして開志学園の活躍に代表されるように新潟県内の女子野球が盛り上がっていることがある。

一方で、大学で野球を続けたいと考えても、まだ女子硬式野球部がある大学は全国で10校ほどしかないのが現状である。受け皿がないのだ。

大学に女子硬式野球部を作る意義は、長い目で見ても大きい。

それは世の中に多くの女子部員を輩出することで、将来の「野球に理解のあるお母さん」を増やすことにつながるからである。

子どもたちが野球をやらなくなった理由はいくつかあると考えられるが、幼少期に大きな〝参入障壁〟となっていることの1つが、サッカーと違って野球の場合には試合ができるようになるまでの技術習得が難しいことにある。

私たちが子どもの頃は仲間たちと軟らかいボールで「野球遊び」をしていた。そこで近所のお兄さんから野球独特のルールを学びながら、投げ方や打ち方などを学んできた。

ところが、いまはそうした地域のコミュニティーの中から野球を始めるという子どもたちが激減した。小学生になって「チーム」に入って、初めてボールやバットに触ったという子どもが増えている。

もしこれが、お母さんが野球の経験者で、子どもとお母さんがキャッチボールを楽しみ、野球を通じて子どもたちとのコミュニケーションを図る……こうした家庭が少しでも増えたら、野球人口減少の食い止めに、少なからず効果があるのではないだろうか。

子どもに野球の基本を教えることができるお母さんが増えることで、地域が失っている初期段階の技術指導をお母さんが担う家庭が増え、子どもたちの野球参入への壁がずいぶん低くなるのではないだろうか。


大学に女子硬式野球部を作ることは、新潟県の野球界にとっても、日本の野球界にとっても、大きな意義があることだと思っている。

そして、いま私は新潟医療福祉大学で女子野球部の創部を目指して動き始めた。大学も大きな理解を示している。近い将来、皆さんにいい報告ができると思っている。

男子の硬式野球部ができて10年……軌道に乗るまで時間もかかったが、野球界に新しい花を咲かせることができたと思う。

女子硬式野球部も軌道に乗るまで時間がかかるかもしれない。しかし、この地でまいた種は必ず芽を出し、花を咲かせる。

そのときを夢見て、私の野球界への最後の恩返しと思って、これからも汗をかき続けたいと思っている。

佐藤和也の周辺　証言者たち

証言者①　鵜瀬亮一［新潟医療福祉大学硬式野球部監督］

GMを天高く胴上げ

GM（General Manager＝佐藤総監督の部内での呼称）との出会いは、2015年秋も終わりに近づき、ちょうど冬に差し掛かる、そんな時期でした。GMの研究室で、新潟らしい寒風がピューピューと窓を打ち鳴らす中、「創部4年目、全学年がそろう来春からのコーチを探している。一緒にやらないか？」というお話をいただきました。

私は当時、埼玉県の本庄東高校で野球部のコーチをしていました。本庄東高校を長く率いておられる田中和彦監督から、「明訓の佐藤監督には、若い頃から本当にたくさんのことを学ばせてもらっているんだ」と常々聞かされていた私は、そうした縁を感じながら、このありがたいお話を引き受けさせていただきました。GMと私をつなげてくださり、新潟に快く送り出してくれた田中監督には、本当に感謝しています。

私が新潟医療福祉大学のグラウンドを訪れ、部員たちの練習を初めて見たのは、実は着任日である2016年の春でした。印象的だったのは、最高学年となった1期生を中心に、部員たちが明るく、のびのびと、それでいて一体感と真剣味を持って野球を楽しんでいる姿でした。当時その印象をGMに伝えたところ「いやぁ、そうかぁ。佐藤牧場で〝放牧〟しているだけだぞ（笑）」なんて、冗談交じりにおっしゃっていましたが、私が監督という立場になった今、そのチーム作りがもちろん〝放牧〟ではなく、綿密な計画と、監督として30年以上培った経験や感性が織りなす「ワザ」であったことを実感させられます。チームはその春、関甲新で大旋風を巻き起こし、一部リーグ戦で準優勝に輝きました。1期生からプロ野球選手誕生も、1期生を中心に関甲新一部準優勝も、快挙ですよね。

コーチ4年目となる2019年、秋季リーグ開幕の前に、私と大矢コーチはGMの研究室に呼ばれました。

「オレはこの秋をもって、監督を退くつもりだ。その後を鵜瀬さん、お願いできないか?」

私はGMが言っていることの意味をすぐには理解できず、固まったままGMの顔を見つめていました。その言葉の重さが、時間が経つにつれズドンと背中にのしかかってくる——。

GMは、私へのバトンタッチが単純に年齢的なものだけではなく、GMの様々な思いが込められているということを懇々とお話しされ、私の決意はその場で固まりました。GMの医福大野球部や新潟県の野球界に対する強い思いを知るだけに、私は自然と涙があふれてきました。明訓時代の恩師でもあり、創部から二人三脚でやってきた大矢コーチも当然、「寂しいと思っているだろうな……」と視線を向けてみると、いつもと変わらぬポーカーフェイスの大矢コーチがいました。「なんでやねん! 自分がこんだけ泣いてんのに、なんで泣いてないねん……」。一瞬、感情がぐちゃぐちゃになりましたが、と同時に「こういう人こそが、名将を支えるんやろな」と思いました。私は大矢コーチの超人ぶりを改めて感じるとともに、医福大野球部躍進の秘密を知ることになったのです。

監督になって3年、忙しく、苦悩の日々が続いています。小・中学生などを対象にした野球教室を、うちはGMの方針で年間を通じて行っています。オフシーズンにだけ野球教室をするチームもありますが、日々練習に励み、授業で指導法を学んだ学生たちが、野球教室で子どもたちに実際に指導することで、選手として驚くほどの成長を見せる瞬間があるのです。このように学生野球は、「ただ勝てばいい」というわけではない側面もあります。しかしながら一方で、「勝利」することでしか得られない「成長や信頼」というものもあります。実際に監督をやってみて、そのような多くの葛藤の中で様々なことと向き合うことが、「監督業」なのだなと感じています。

私が医福大野球部の監督を務められるための資格は、いくつかしかありません。1つは、新潟が大好きで、骨を埋める覚悟でいること。そして、1期生とともに過ごした1年間があるということ。最後の1つは、GMに1日でも長く医福大野球部に関わっていてほしいと、誰よりも願っていることです。「名将のあと」は簡単に務まるものではありません。大きなプレッシャーの中、リーグ戦の期間は、理由もなく夜中に必ず目が覚めます。目が覚めた1秒目から

「野球」のことを考えている自分がいます。どう考えても、不健康です。私の生活リズムに巻き込まれている妻もおそらく、不健康です（笑）。でも、学生たちのために、誰かがやらないといけない仕事です。そのバトンが、いまは私の手の中にあります。とにかくバトンをしっかり握りしめ、全力で駆け抜ける日々が続いています。

いつの日か、１００年後の我が野球部、そして新潟県の野球界をＧＭや佐藤敏郎部長、大矢コーチ、そして医福大野球部に関わってくださった皆さんとあの世で一杯やりながら、「あぁじゃない、こうじゃない」と眺めてみたいものです。もちろんその前に、リーグ戦を初制覇し、学生と一緒にＧＭを天高く胴上げしたいですね。

証言者②

大矢真史

［新潟医療福祉大学硬式野球部コーチ］

〝日本一のピッチングコーチ〟へ

創部から間もないある日、1期生とグラウンドにいると、GM（佐藤総監督）から「おい大矢、ちょっとノックを打ってやってくれ」と頼まれたんです。「よし、これから医療福祉大野球部の歴史が始まる！」と思って、私は意気揚々。バットを握り、ノックを始めました。しかし、私は投手一筋18年。高校時代こそ打撃練習はしたものの、それ以来バットをまったく握っていません。「レフト！　行くぞ！」と言ってみても、空振りはするし、思いどおりに打球が飛ばない……。GMもさぞかしガックリしたことでしょう。GMは、「日本一のピッチングコーチを目指そう」と言い残し、いつの間にか姿を消しました……。

GMとは新潟明訓時代は選手と監督、そして大学では、コーチと監督という立場です。〝自分で考える〟という指導スタイルは、高校時代から変わっていませんね。野球の楽しさを知り、楽しくプレーする——。それを教えてもらいました。もちろん、苦しいことはありましたけど、それを含めて、きちんと正しく練習すれば、必ずうまくなることを知りました。当時、私のストレートはナチュラルシュートしたのですが、「相手が嫌がるんだから、直す必要なんてないんだよ」とGMに言われて、自分で短所だと思っていたことが、「長所なんだ」と気づかせてもらい、そのアドバイスで自信を持つこともできました。

新潟医療福祉大に硬式野球部を創部するという話が出て、GMが初代監督になることが決まった時くらいに、GMから「手伝ってほしい」と言われました。三部から二部、一部と昇格する過程でも、いろんな厳しいことや、苦しいことがありましたが、GMは〝逆境にこそ燃える人〟です。「これしきのことで、負けてたまるか！」という感じで、二人三脚で頑張ってきました。それが10年たった今でも、ベースにあるような気がします。

本の中にも出てきますが、10連敗をして迎えた入れ替え戦で、1戦目に勝利し、2戦目のピッチャーをどうするか悩んでいたとき、私がブルペンの様子を見て推した投手が、いいピッチングを見せて連勝で残留を決めたのです。GM

から「大矢のおかげで勝てた」と言ってもらえたことが、うれしかったですね。

当然、選手の起用法に関しては、監督だったGMが決めることなのですが、毎日投手陣を近くで見ている私の意見を尊重してくださって、とてもやりがいを感じることができました。

今は総監督として、現場からは一歩引いた形にはなりましたけど、今までできなかったことをやるために総監督になったということもあると思います。相変わらずお忙しそうにしていらっしゃいますが、野球のため、新潟のため、大学のために、という気持ちがGMを突き動かしていらっしゃるのかなと感じます。

実は、GMと食事に行った時、思い切って聞いてみたことがあるんです。

大矢「何で私を、ピッチングコーチに指名したんですか？」

GM「おい、何を言っているだ。決まってんだろ。オマエだからだよ」

私は少しお酒も入っていたせいか、人目もはばからず、もう大号泣です。

自分がGMにやってきてもらったことのように、どうやったら野球が好きになるか。どうやって野球を通じて人間性を磨いていくのか。勝ちにもこだわりますが、野球がそういうためのツールであるように選手たちに指導していきたいと、そこで誓いを新たにしました。

GMの期待に応えるためにも、〝日本一のピッチングコーチ〟を目指して、日々精進あるのみです。

証言者③　高根悠太［新潟医療福祉大学硬式野球部コーチ］

どんな質問をぶつけても、的確に即答

いま野球部のコーチをしていて、毎日最高に楽しいです。大学2年のシーズン終了後に学生コーチとなって、卒業と同時にコーチ就任のお話をいただき、2年目となります。

何を隠そう新潟西高校時代に取り組んでいたウォーミングアップが、佐藤GMが新潟明訓時代に監修したDVDを参考にしたものでした。それもあり、「大学で野球を続けるなら名将がいる医療福祉しかない！」という強い気持ちで入学しました。

僕は高校3年間の最高成績が、県大会2回戦という無名選手です。入学してからも、ずっとBチームでした。GMと話をする機会なんてありませんでしたが、最初のキャンプのときに、「投げるときは力で投げるんじゃなく、勝手にボールは飛んでいくもんなんだ」と、実演を交え、解説してくださったことが脳裏に焼き付いています。でもその頃は、「有名人と会ってる感覚」でした。それが、3年生になってGMのゼミに入って接する機会が増えると、結構気さくに話してくださいました。これだけ実績のある監督なので、勝手に「超恐い人」をイメージしてたんです。そのイメージが、180度変わりましたね。

僕には、指導者として「甲子園に行きたい」という夢があります。GMから多くのことを吸収するため、ゼミではコーチング論を学びました。GMは、僕がどんな質問をしても的確に即答してくださるところが、本当にすごいんです。

技術、コーチング、メンタル、すべての面で、詳しくわかりやすく教えてくださいます。多くの経験を積み、私が想像もできないようなさまざまなことを、深く追求してこられたからだと思います。そして、何といっても選手との距離感が、絶妙です。〝行き過ぎない〟〝離れ過ぎない〟という、まさに学生本位の我がチームの方針にピッタリなのです。少し行き詰まったときに、タイミング良く、ひと言アドバイスをする。そんなこと、まだまだ私にはできませんが、身に付けたいですね。

監督からGMになってからも、Bチームの試合を見に来られて、「Aチームに上がれるように頑張れよ」とレギュラー以外のメンバーも気にかけてくださいます。うれしいですね。

私は新人戦やオータムカップで指揮を執りますが、結果が出なくても、うまくいかなくても、とにかく楽しいです。GMはよく「夢中になれ」とおっしゃいますが、私が今まさに、野球に夢中になることができています。GMありがとうございます！

証言者④

笠原祥太郎

［横浜DeNA投手］

人生を変えてくれた存在

プロ野球選手としての今の自分があるのは、新潟医療福祉大学に硬式野球部ができて、佐藤和也監督（現・総監督）と出会うことができたからです。野球部ができるのが1年でも違っていたら、僕は野球を続けていなかったかもしれません。大げさではなく、僕の人生が変わりました。

新津高校の投手として高校3年生の夏、2回戦で佐藤監督率いる新潟明訓高校と対戦しました。実は、その大会を最後に佐藤監督が勇退することも知っていました。試合はうちが1点リードをして迎えた9回裏、制球に課題があった僕が自滅する形で逆転サヨナラ負けを喫しました。

高校野球を終えた夏、進路を考えた時に、漠然と将来は野球に関わる仕事がしたいと思っていて、新潟医療福祉大学には理学療法学科があり、最初はそこから理学療法士を目指そうと考えました。

その頃でした。新潟医療福祉大学に新しく硬式野球部ができる、新潟明訓の佐藤監督が監督を務めるらしい……そんな噂を耳にしました。

「せっかく硬式野球部ができるなら、そこで野球をしてみようかな」

そんな思いでした。ちょうど1学年上の野球部の先輩が理学療法学科にいましたので、その先輩に学科のことを尋ねてみたら、理学療法学科は実習などもありカリキュラムがハードだと聞いたため、部活動に専念できる健康スポーツ学科も併願しました。受験ではどちらの学科も合格しましたが、健康スポーツ学科を選択しました。

4月に入学し、硬式野球部の初めての練習のときのことをよく憶えています。室内練習場に集められたのですが、はじめは推薦入試で合格した「推薦組」と、僕のように一般入試で合格した「一般組」が分かれていました。その時、佐藤監督が僕のところに来て、「よく来てくれた」と握手を求められました。前の年の夏に対戦した僕のことを憶えていてくれたことがうれしかったですね。

高校ではエースナンバーを背負っていましたが、ピッチャー専門の練習というのは、それほどしたことがありませんでした。そのせいもあって、当たり前のようにバッティンググラブを付けて打撃練習をしようとしたとき、佐藤監督に注意されたこともありました（笑）。単純に打つことも好きだったので、「ちょっと自分も打ってみたいな」と思ったんです。僕は〝二刀流に挑戦〟とはいきませんでしたけど……。

でも大学では走り込み、投げ込み、ピッチャーのトレーニングを続けた結果、体重がどんどん増加。入学した時は70㌔台だった体重が、１年ちょっとで10㌔ほどアップしました。体重が増えると球速も比例してアップ。高校時代は１３０㌔そこそこだったのですが、２年生の時には１４０㌔台中盤まで計測するようになって、３年生の秋のリーグ戦で初めての一部の強豪を相手に投げて、リーグのシーズン最多奪三振記録（73個）を作りました。

そのあたりくらいから試合の際、バックネット裏でプロのスカウトの姿を少しずつ目にするようになりました。最初は「対戦相手の選手を見に来ているんだろうな」くらいに思っていましたが、試合後に佐藤監督が名刺交換をしている姿を見て、「自分のことを見に来ているんだ」と実感しました。そこから少しずつ〝プロ〟というモノを意識するようになりました。

3年生の秋のリーグ戦が終わって、オフのトレーニング期間に入る前、佐藤監督と進路について面談しました。そこで初めて「プロを目指せ」と言われたんです。「もしドラフトにかからなかったら、就職のことはオレがなんとかする。心配するな。プロ一本で目指してみろ」と監督に言われて、「よし、プロに挑戦しよう！」と気持ちが引き締まりました。

4年生の春のリーグ戦前に、千葉キャンプへ行ったときのことです。朝、みんなで海岸を散歩することが日課だったのですが、毎朝一人ずつ海に向かって大声で目標などを言わなければいけないんです。ある日、僕の番が来た時に大声で誓いました。

「僕は、プロになります！」

そんなことを口にしたことはそれまでなかったですし、あの時の僕の正直な気持ちだったんだと思います。

その春のリーグ戦では、初めて上武大学に勝つことができました。白鷗大学からも勝ち点を挙げて、リーグ戦のチーム最高成績（2022年秋季終了時）となる2位となり、僕は最多勝（6勝）、最優秀防御率（0・72）でベストナインのタイトルも獲得しました。プロを目指していた僕にとっては大きな自信となるリーグ戦でした。

ところが、大学最後となる秋のリーグ戦ではなかなか調子が上がりませんでした。原因は僕自身が〝モデルチェンジ〟に失敗したことです。春のリーグ戦もタイトルを獲ることができましたが、四球が多かったのです。必然的に1試合の球数が多くなってしまいます。そのことを反省し、秋は打たせて取る投球に取り組んだのですが、これが大失敗。ストレートは走らず、変化球のキレも春に遠く及ばない……。相手打者に簡単につかまりました。「もう、プロはダメかもしれない……」と弱気で迎えたドラフト前の最後の試合で、佐藤監督からこう叱咤されました。

「何も考えないで、とにかく思い切り腕を振って投げてこい！」

その言葉でモヤモヤしていた自分の気持ちが吹っ切れました。大学生活最後の試合で本来のストレート、変化球を投げることができたんです。

その後のドラフト会議で、僕は中日から4位指名を受け、大学に入学する頃にはまったく想像もしていなかったプロ野球選手になることができました。今振り返ると、新潟医療福祉大学に硬式野球部ができたこと、その野球部の監督に佐藤監督が就任したこと、そしてそこで野球をできたことが、僕の人生のターニングポイントでした。大学と監督には感謝しかありません。

その後、3期生の漆原大晟くんがオリックスに、6期生の桐敷拓馬くんが阪神に、同じ6期生の佐藤琢磨くんがソフトバンク、と後輩たちが次々とプロの世界に入ってきました。同じ大学の先輩としてとても誇らしい気持ちです。これから大学のレベルももっと上がって、どんどん後輩たちがプロの世界に入ってきてほしいと願っています。


佐藤監督からは大学時代に「おまえの投げる球はすごいのだから、自信を持っていけ」といつも言われてきました。僕は公立高校の出身で、チームメイトには高校野球の名門校・強豪校出身者が大勢いて、いつも〝名前負け〟をしている人間でした。そうだった僕がいま、プロ野球の世界で投げることができているんです。3年目に開幕投手を務めたり、侍ジャパンで日本代表のユニフォームを着ることができたり。一方で、予期しなかった病で戦線離脱をしたり、一軍で結果を出せなかったり……。プロの世界ではいろんな経験をしてきました。マウンドで超一流打者と対峙した時も、佐藤監督からいただいた「自信」という言葉を思い出していますし、プロ入りで監督からいただいた「自信」という言葉が記されている色紙は、今も大切に家に飾ってあります。

僕自身、「新潟医療福祉大学」の1期生として、1年でも長くプロの世界で活躍して、監督や地元の皆さんに恩返しできればと思っています。

証言者⑤ ―― 鈴木春樹［新潟県高等学校野球連盟専務理事］

新潟の野球を変えた人

0対38です。1999年4月のこと。私が羽茂高校から柏崎高校に赴任してすぐ、佐藤和也監督率いる新潟明訓高校と練習試合が組まれていたのですが、そのときのスコアです。私は所用で帯同できなかったのですが、戻って試合内容をたずねると、なんと0対38……。

明訓といえば、当時で春夏3回の甲子園出場があり、常に県の覇権を争う横綱的な存在でした。かたや柏崎は、夏の新潟大会で1回勝てば御の字の前頭、いや、十両クラスです。ボコボコにされるだろう、とは思っていましたが、まさかそこまで完璧にたたきのめされるとは……。和也さんにしてみれば「春樹が監督になったチーム。コテンパンにして出ばなをくじいてやろう」と思ったのかもしれません。

同じ長岡人ですが、学年にして14の開きがあるので、むろん和也さんの長岡高校時代は知りません。明訓の監督になったのは、日体大を卒業して6年目の84年からでした。当時は、私の父・鈴木春祥が監督を務める中越高校が県のトップを走っており、すでに夏の甲子園に2回出場していました。一方の明訓も急速に力をつけ、82年夏は県のベスト8、83年夏には決勝進出と、甲子園が手の届くところまできていました。和也さんが監督になったのは、そういう時期です。

ただ82、83年の夏とも、敗れた相手が中越。またご丁寧にも、和也さんが監督になって2年目、85年の夏も4回戦でサヨナラ負け、88年夏もやはり準決勝で……と、中越は和也さんの前に立ちふさがる分厚い壁だったでしょう。エース・小林幹英で、明訓が甲子園初出場を果たすのは、私が大学に進み、新潟を離れていた91年夏のことでした。そこからの和也さんは、２０１３年に新潟医療福祉大学に転じるまで、春夏8回甲子園に出場し、10年夏にはベスト8まで進んでいます。

私が柏崎の監督になった99年の夏にも、明訓は甲子園に出場することになります。もともと力が違うことはわかっていましたから、大敗するだろうと思っていた練習試合ですが、それにしても38点。和也さんにしてみれば、かつて何度も煮え湯を呑まされた鈴木春祥の息子のチームですから、全力でやっつけにきたに違いありません。それ以前から「いつかは明訓を倒してやる」と思っていた私ですが、キツすぎる洗礼を見舞われたわけです。

そのころ県内の高校球界では、佐藤和也は、かつて私の父がそうだったように、大きな存在でした。なにしろ、横綱格。キャリアの乏しい若手の監督なら、試合をする前からビビッてしまう存在です。ただ私はよく、「桶狭間の戦いを思い出せ」と生徒たちを鼓舞しました。戦力の単純比較では圧倒的に劣る織田信長が、今川義元を破った史実を引き合いに出し、「一丸となって集中すれば勝てることは、歴史が物語っている」と言いたかったんです。

歴史は繰り返します。佐藤和也が鈴木春祥に向かっていったように、私も和也さんに挑もう……明訓と初めて公式戦で対戦したのは、02年の秋でした。この年の柏崎は、県の準決勝で敗れ、3位決定戦の相手が明訓。試合は2対2のまま延長にもつれ、12回の裏、押し出し四球でサヨナラ勝ちを果たします。0対38から3年半、むろん選手たちは代わっていますが、「やり返してやる」という思いが実った試合でした。和也さんの、何ともいえない悔しそうな表情が思い出されます。この後秋の北信越大会に出場した柏崎は、翌03年のセンバツに21世紀枠で出場するのですが、甲子園常連の明訓に勝ったことも、選考を後押ししてくれたでしょう。

このセンバツ出場は、大きな財産でした。大会では斑鳩（現法隆寺国際）と対戦し、近畿のチームに和也さんのそれとはまた別の人脈が広がったこと。明訓に勝った実績から、関東の強豪とも練習試合がやりやすくなり、県外の公立校の指導者とは「どうやったら私学と対等に戦えますか」という話をきっかけに、情報を交換できます。柏崎時代、明訓とは04年夏の4回戦でも5対1で勝たせてもらい、新潟県央工時代の11年夏の準々決勝は、1対2で敗退。和也さんとの対戦は、公式戦では勝ち越しているんですね（笑）。

佐藤和也という存在は、新潟の野球を語る上では絶対に外せません。日本文理の大井道夫さんを除けば、戦後、甲子園でベスト8に進んだ県人監督2人のうちの1人です。かつての新潟が、たまたま入ってきた選手で甲子園に行くことを考えていたとすれば、和也さんは、甲子園で勝つにはこういう投手、こういう野手が必要、という逆算からチームを作り上げた。さらに、不毛だった新潟に大学野球という地を耕し、その新潟医療福祉大からは毎年のようにプロ野球選手が誕生しています。〝新潟の野球を変えた人〟と言っていいかもしれません。いまは立場こそ違えども、野球のことを話せる一番の相談相手です。まずは、47都道府県中最下位の甲子園通算勝ち星を、どうやって伸ばしていきましょうか……。

証言者⑥

石川智雄

［新潟県野球連盟理事長・長岡市スポーツ振興課総括副主幹］

新潟県に生まれた新たな流れ

新潟医療福祉大学に硬式野球部ができたことで、新潟県の野球界にこれまでになかった3つの大きな流れが生まれました。

1つは、新潟県内の高校生が大学に進学して野球を続ける、という環境が生まれたということです。国立の新潟大学に硬式野球部はありますが、新潟医療福祉大学にできるまでは、卒業後も野球を続けたいと思っていた新潟の高校生たちの多くは、首都圏の大学を中心に進学していました。必然的に県外へ出ていかざるを得ない状況でした。しかし新潟医療福祉大学に硬式野球部ができたことで県内の大学で野球を続けることができる環境が整いました。

私も何度かグラウンドでの練習を見に行きましたが、県内の公立校、私立校をはじめ、いろいろな学校を卒業した選手がいました。若者人口の流出県と言われる新潟県で、県内にとどまって野球を続けることができる環境ができたことが大きい。県内の高校生に高校野球の後にチャレンジするステージができました。

2つ目は、新潟医療福祉大学の野球部員たちが県内の各地域で野球教室などを開き、子どもたちへの普及活動、指導者講習などの社会貢献活動に尽力してくれることです。彼らは大学で指導者になるための指導方法などを学んできており、子どもへの接し方も非常にうまく、説明もわかりやすい。南魚沼市では毎年継続して大学生の野球教室を開催していて、少年野球の人口減少の歯止めにも一役買ってくれています。そして、その野球教室が、見に来ている学童野球チームの指導者や保護者にとっても勉強の場になっています。

学童野球の世界では2024年から公認指導者制度を設けることになっています。ベンチ入りする指導者は最低1名が全国軟式野球連盟の定めている資格保有者であることが大会参加における条件の一つとなります。その資格の1つである、日本スポーツ協会（JSPO）の「公認コーチ1」の指導者講習が新潟県内でも開催されていますが、佐藤和也先生に講師を務めてもらっています。

そこでは大学生がモデル役となり、実技指導のよいお手本になってもらっています。

これから公立の中学校を中心に「部活動の地域移行」が始まってきます。そのときにこうした指導資格を持っているかどうかが、地域のクラブチームの指導者にとって大きなポイントになってきます。また新潟医療福祉大学の硬式野球部を卒業したOBたちが地域の野球指導者として活躍してくれることも期待しています。

3つ目は、「野球センター」としての役割です。新潟県は2018年に新潟県高野連が提案したことで投手の「球数制限」の発祥の地と言われています。新潟医療福祉大学にはその以前から、中学生年代の投手の球数や投球間隔とケガについて、県内におけるデータ収集や分析を行ってもらってきました。そのデータはジュニア世代の故障防止のための貴重な資料となっています。これまで新潟県内にはそういう「機関」がありませんでしたが、新潟医療福祉大学に硬式野球部ができたことがきっかけとなり、そうした「野球センター」的な役割を担ってもらって、野球界にさまざまな形で還元してもらっています。

佐藤和也先生とはもう30年ほどのお付き合いになります。もともと長岡高校野球部、そして日体大の8学年上の先輩で、私が後輩という間柄でしたが、親しくさせていただくようになったのは私が20代後半……中学教師として野球部の指導にあたっていた頃。きっかけは和也先生が呼びかけ人となって始まった「勉強会」でした。

当時、新潟明訓高校の監督として甲子園に出場し始めた頃でしたが、和也先生は「新潟県内の高校野球のレベルを上げるためには中学校の指導者の学びの場が必要」として、私的な勉強会を開いていました。その成果は徐々に表れ、新潟県の高校野球のレベルアップに貢献することになったと思っています。今後も大学というステージで、新潟県内の指導者育成のための「センター」的役割を果たしてほしいと期待をしています。

そして、和也先生が大学野球の指導者になったことで、関甲新の一部チームが誕生し、それまで新潟県内では光が当たらなかった大学野球というものが脚光を浴び、今ではその結果をメディアが大きく取り上げるようになりました。これは野球に限った話ではありませんが、大学スポーツにもう少し光が当たることがスポーツ界全体の活性化につながるのではないかと思っています。そうすれば大学で競技を続ける学生たちが増えるのではないでしょうか。

そのけん引役として、新潟医療福祉大学の硬式野球部と佐藤和也先生には今後もさらなるご活躍をと期待をしています。

証言者⑦

頓所理加

［新潟県女子野球連盟会長］

最後のゴールは女子野球

佐藤和也先生と女子野球のことについて親しくお話しさせていただくようになったのは、2019年くらいからです。新潟県で女子野球が盛り上がってきて、小・中学生、高校生がプレーできる環境が徐々に整ってきて、その上のステージでも女子の硬式野球チームが必要だと思い、佐藤先生の大学の研究室にお邪魔したのです。

最初、私からは「大学に女子野球部を作ってください」と単刀直入にお話をしたのですが、佐藤先生も「ぜひ作りたいと思っています」と言ってくださいました。ただ、「作るためにはたくさんのハードルがある。そこを少しずつ動かしていくために、頓所さん、全面的に力を貸してくれますか」と協力を求められました。さらに、「これから先、女子野球を盛り上げることが、絶対に野球界のためになる」と続けられ、その言葉に私も勇気づけられ、背中を押されました。

相談でお邪魔するたびに、ご自身で女子野球についての資料を集めたり、新聞記事などをスクラップしていたり、「これはどういうことなの？」と女子野球について、私に質問してこられます。

「自分は、野球の指導は長いけれども女子野球に関してまったくの素人。いろいろ教えてほしい」と、数々の実績を残された方なのに、その謙虚な姿勢に感動しました。

私は小・中学、高校とソフトボールを続けてきました。でも、ずっと私がプレーしたかったのは、「野球」だったのです。しかし、当時は女子が野球をプレーする環境はありませんでした。私の子どもが小学生に上がる前に、私自身、どうしても野球がやりたくて、家族の理解を得て近所の学童野球チームのコーチになりました。２００３年のことです。チームには30人くらいいて、男の子の中に女の子が１人、２人いる程度。そこで女子だけで野球チームを作って大会に出てみようと08年に活動を始めたのが「ＢＢガールズ普及委員会」です。当時はまだ「女子野球」という言葉が一般には知られていませんでした。

その後、新潟県内で女子のクラブチームが生まれたり、開志学園高校に女子硬式野球部が誕生したり、女子野球の活動は広がっていき、開志学園は21年春に全国選抜大会で優勝するほど力をつけました。

夏の高校女子選手権大会の決勝戦が甲子園で行われるようになり、今では全国の高校に50校近くまで女子硬式野球部ができました。一方で、大学に女子硬式野球部があるのは全国でも10チーム前後と、圧倒的に少ないのが現状です。

野球人口の減少が著しい野球界にとって、女子の選手が育つこと、そして女性の指導者が増え、野球界の組織の中で女性の役員が増えていくことが重要になっていきます。佐藤先生も「女子野球が発展していかなければ、野球界の未来はない」とまでおっしゃっておられます。

そして、佐藤先生は新潟医療福祉大学ならではの女子硬式野球部を作るために、男子と女子が一緒に練習をするといった斬新なアイデアも提案されます。男子と練習することで、女子のプレーレベルが上がるといった効果を見越してのことです。他の大学ではこんなケースはないと思います。男子の第一線で活躍してきた方が「自分が役に立てるのなら」と女子野球にご尽力され、私と同じ熱量、同じ意識で向き合ってくれていることに、感謝してもしきれません。私自身も「さらに頑張ろう」という気持ちになりました。

「自分の最後のゴールは女子野球。それが野球界全体の発展のためになる」という佐藤先生の言葉を支えに、私も微力ながらお手伝いしたいと思っています。

特別章 ―― 高校野球を解説しながら考えたこと

UXのブログ「まなざし」を綴って

大学野球の指導者になった2013年から、地元のテレビ局であるUX新潟テレビ21から依頼を受け、「夏の高校野球・新潟大会」の解説者を務めるようになった。

高校野球の監督として29年間を現場で過ごしてきた経験を、少しでも新潟の野球界に恩返しできればという気持ちから引き受けたのだが、毎年白球を追う高校生たちの真剣な姿を目の当たりにすると、こちらも身が引き締まり、時に手に汗を握り、そして感動で心が震える。やはり高校野球、特に高校3年生の最後の夏というものは私たち野球人にとって特別なものだと思う。

毎年、主に決勝戦を中心に解説するのだが、解説者として心掛けていることがある。それはできるだけ多くの試合を自分の目で観ることである。秋には新チームにとって初めてとなる県大会がある。一冬を越え、夏の前哨戦とも言える春の県大会、そして夏の大会も1、2回戦から球場に足を運んで取材をする。選手の成長、そしてチームの進化を目撃することで、解説のときに話す言葉も変わってくる。

こうした私の姿勢を見ていてくれたからなのか、あるとき、UXの担当者から提案を受けた。

「ブログを書いてみませんか？」

テレビで解説をする決勝戦だけでなく、普段私が足を運んだ試合の取材で感じたこと、考えたことをコラムのように記し、それをＵＸの高校野球特設ホームページで公開するという。

ブログのタイトルは「まなざし」。

正直、ブログを書くのも生まれて初めてだったのでどんなものになるのか不安もあったが、勧められるがまま書き始めてみると、高校野球に対する考え方や野球というスポーツについての自分なりの視点を、短い文章を通してまとめることができることに気がついた。思っていたよりも、「思っていることを素直に書くことができる」のがブログだった。テレビではなかなか言いにくいこと、新聞などでは表現できないエピソード……でも野球を愛する人たちにぜひ読んでもらいたい内容も素直な気持ちで書くことができる。

２０１７年からスタートしたのだが、想像以上の反響をいただいている。高校野球ファンはもちろん、選手や指導者、そして保護者からも「ブログ、読ませていただきました」という声をいただいている。ありがたいことだ。

このブログの内容は大学の授業「ベースボール指導論」のテキストとしても活用させてもらっている。私なりの野球の考え方、指導者心理などをまとめたものとして、ここから学生たちにも何かを感じ取ってほしいと願っている。

これまでに書いたブログの中から6つ紹介したいと思う。（紹介にあたり一部、加筆・修正させていただいた）

●ブログ1

「幸せ」だからできる高校野球

抽選会は終わり、また甲子園を目指して熱い戦いが始まる。

私が監督を務める大学のチームには、昨年の夏の大会で甲子園優勝を果たした作新学院の選手もいれば、残念ながら県の決勝で敗れた新潟明訓の選手も、1つも勝てなかったチームの選手もいる。

高校野球で得た体験を原動力として、新たなチームの一員として、また新たな戦いに挑んでいる。甲子園で優勝した選手にも、1つも勝てなかった選手にも、次のステージが待っているのだ。

卒業後、たとえ野球から離れ、社会人になったとしても、それぞれのフィールドで、高校野球が教えてくれたさまざまな力を武器に戦ってくれているに違いない。

幸せになるために高校野球をやっているのではない。幸せだから高校野球をやり、甲子園を目指す戦いがあるのだ。

幸せな選手諸君！

負けたからって、不幸せになることはない！

緊張したり、力を出し切れなかったりすることなく、大いに楽しんでほしい。

そして生涯の糧となる経験を積んでいってほしいものだ。

●ブログ2

大一番に1年がかりの「秘策」で挑む

私が高校野球の監督をやっていた29年間の中で、対戦してどうしても勝ちたいと思ったチームについては、投打にわたって綿密な対策を練って、秋の大会から1年がかりで挑んだものだった。

ある年、秋の大会で勝てると思ったチームに負け、そのチームが優勝した。サイドハンドから投げる好投手を、夏の大会で打ち崩そうと、春、夏の勝ち上がりの中で「球種が増えていないか?」「特に落ちるボールを習得していないかどうか?」をずっと見てきた。

迎えた夏の大会、そのチームはベスト16の試合で苦戦をしていた。

「この展開で、球種を隠して戦うなどあり得ない」

ベスト8（準々決勝）での対戦に向け、自信を深めた。

しかし、その好投手はウチとの対戦で、「シンカー」という、それまで投げていなかった球種の封印を解いて戦いを挑んできたのだ。

正直、驚いた。

「やられた!」

その年の大一番は、準備のない球種との戦いとなったのだ。

なんとか勝つことができたが、接戦となったことは言うまでもない。

真っ向勝負で戦いを挑む。

素晴らしいことだとは思うが、この一戦のためにひた隠しにしてきた秘策を持って戦いに挑むチーム。

そんなチームがあっていい。

●ブログ3

腕を振れ？　フルスイングをしろ？　～指導者と言葉～

今大会、少し気になることがある。

多くの投手が立ち上がりに力みから制球を乱し、四死球で余計なランナーをためて失点するケースが目立つのだ。

人間は手で持ったものを速く動かそうとすると、肩や腕に力を入れて、筋力に頼って物に近い側から動かしてしまう。

ピッチングに重要なのは、ボールを速く動かそうと力むのではなく、下半身からの力の伝達でボールにスピードを与えることだと思う。

つまり「ボールは投げにいかない」ことが、制球を乱すことなく、伸びのあるボールを投げるコツである。

指導の中で「ボールを置きにいくな！　腕を振っていけ！」の指示を誤って理解し、心のこわばりと一緒になって、立ち上がりを不安定にしているように感じるのだ。

ちなみに、バッティングでも同じようなことが起きていないだろうか。「フルスイングしてこい！」を、力任せに腕力に頼ってスイングしていないだろうか。

フルスイングとは、目も、心も、頭の先から足の指まで総動員して、タイミングを合わせて振り切ることだ。ボールの芯を軸を乱さず、バットの芯でとらえることに集中してこそのフルスイングと考えたい。

楽しみなカードが続くこれからの試合。心技体、最高のバランスで臨みたいものだ。

●ブログ4
おふくろの存在

久しぶりに会った大学時代の友人がいる。彼はお寺の住職で知識も豊富。こちらも何かと刺激を受けている。

その彼が私にこう言った。

「佐藤、食事とは何をいただいているか、わかるか？　無論、食材の命をいただいているのだが、それだけではないのだ。作り手の命の時間もいただいている。あと何年生きるかわからないが、三度三度の食事を自分の生きる時間を削って作ってくれる……その作り手の、命がけの時間もいただいているのだ」

なるほど、と心から思った。

野球の現場で「食トレ」と称した栄養学に基づいた高カロリーな食事がもてはやされて久しい。

そんな科学的な根拠に基づく食事よりも、もっと大切な、勝利につながる食事学は「いただきます」の心の指導にあると思うのである。

命がけで作ってくれた食事で試合の本番を迎える選手たちが、全力で戦う姿を、母たちは両手を合わせ、祈りながら見つめる。いや、緊迫した場面では見つめることさえできず、下を向いて祈るばかりだ。

やがて戦いは終わり、母のもとに戦士は帰ってくる。

「ありがとう！」

やっとこさ言えたこの一言が、命を削ってきた母親の苦労を癒してくれるだろう。
そしてその後、数年で『おふくろ』と呼べるようになるのだ。

●ブログ5
オヤジの存在

自らも高校野球選手だった父親は、息子のプレーにはどうしても厳しくなる。たとえ、周りの親たちから息子のプレーを褒めてもらえても、である。

元球児の父にとっては、息子は、なんとなく〝ライバル〟なのではないだろうか？

夜、冷たいビールで喉を潤しながら、きょうの試合の評論とアドバイスが始まる。息子は聞いていないふりをしながら、面倒くさそうに、視線を合わせずに、『今度は頑張るから』と吐き捨てたように口にする。

息子にとっても父親は〝ライバル〟なのだ。

仮に野球とは無縁の青春を過ごしてきた父親にとっても、似たようなライバル関係に、あるのではないだろうか？

でも、高校3年生最後の夏の大会を迎えると、戦う息子は父親にとって、かけがえのない自らの分身となる。父親は全身全霊のすべてをかけて応援に徹する。

高校野球最後の夏の大会が、その後の人生にとって極めて大切であることを知っているから、そして、できることなら夢を叶えて欲しいから……。

大会後の保護者会では、父親に感謝の言葉を述べることはできても、面と向かって「ありがとう」とは言えないかもしれない。

でも、やがてはオヤジと呼べる日が来て、ライバルは最高の飲み友達となることだろう。

さぁ息子よ。最後の最後まで全力で戦い抜こう！

自らとの戦いの勝利者となるのだ。

●ブログ6

器《うつわ》

何度見ても、甲子園の開会式は胸が熱くなる。

それまでの本人の努力や家族の協力、そして監督をはじめとしたスタッフの苦労……

様々な目に見えないものが、あの入場行進の瞬間に凝縮されている。

私も選手を引き連れて初めて甲子園の土を踏みしめた時は、感動して涙が流れた。

しかし開会式に先立って行われた甲子園練習でノックをしている時に大切なことに気づかされたことを思い出す。

甲子園はただ野球をやる「器」でしかない。

憧れの気持ちや感動も開会式まで。いつまでも「器」に憧れていては大切な野球に身が入るはずもなく、試合に勝てるはずもない。

選手にはそのことを伝え、出場を喜ぶのは開会式までだ、と話した。

この大学に進学したい。

この会社に就職したい。

「器」を目標としていると、その「器」の中でやるべきこと、やりたかったことを見失い、進むべき道を見誤ることがある。その「器」が素晴らしければ素晴らしいほど……。

おわりに

大学野球の指導者となってからの10年間を、こうして一冊の本として振り返ってみると、選手と接するなかで「なぜあのときの自分は、あの判断をしたのか」ということが、少しわかってきた。

大学野球の監督に転身しようと決断したこと。1期生が練習メニューを考えてこなかったときに、頭に血が上るのを抑えて「今日は練習をしなくていいよ」と突き放したこと。新人戦の優勝が懸かった大事な試合前に、「バーベキュー優先」と言ったこと。崖っぷちの入れ替え戦で、主力選手が教育実習で戦列を離れるのを許したこと。そのほかにも、選手の起用の仕方や、悩んでいる部員たちにかけた言葉など。そのときには瞬時に判断していたつもりでも、後から振り返れば自分なりの判断材料を持って決断していたのだなぁ。

その都度、自分の感性に従って判断してきたが、その裏には監督として積み重ねてきた多くの失敗がある。そこから得た学び、数々の経験。それが自分の感性を磨いてくれたのだなと改めて感じた。

その感性は、野球だけではなく、普段の日常生活でも、自分を突き動かしている。ラーメンを食べようと思っていたのに、なぜメニューを見てチャーハンに変えたのか。なぜあの場面で、バントではなく強攻したか。それが成功したときは、決断の理由を後付けでいくらでも説明できる。だが、最終的に決断を後押しするのは、理屈や確率はともかく、突き詰めれば「それがいいと思ったから」ということが多い。だからこそ、常日頃から感性を磨き続けることが大事だと思っている。


とある指導者から、こう尋ねられたことがある。

「ウチの選手から、新潟医療福祉大学のような練習をしたいと言われました。でもずっと一部に残っているんだから、さぞかし厳しい練習をしているんでしょう?」

部員たちの自主性を重んじた練習をしていながら、ずっと一部に居続ける新潟医療福祉大学。ただ、自主性だけで勝てるほど甘くはなく、見えないところで何か厳しい練習をしているに違いない……その指導者は、そう思っているようだった。

私は咄嗟にこう答えた。

「すっげえ厳しいですよ、ウチの練習は」

それを聞いたその監督は、わが意を得たりとばかり、

「だよね！　そうじゃなきゃ一部にいられないよね！」

と、納得顔で笑った。

だけど、私が我がチームを「厳しい」と表現したのは、一般的に想像される練習の過酷さではない。「自由を与える。だけど、自由だからこそ厳しい」という意味だ。強制ではない。自らの選択で練習に取り組む。そこでは、自分に対する厳しさがなければ上達につながらない。成長できない。わかりやすくたとえれば、試験前にどれだけ勉強するかは各自の自由である。もともと才能があれば、1時間の勉強で合格点を取れるだろう。だが、凡人が合格しようと思ったら、その何倍もの時間がかかる。厳しい。だけど、誰かにそれを強制されるわけじゃない。


厳しさから逃げるのはいい。だけど、自分を高めたいなら、自分からやろう。新潟医療福祉大学はそうした考え方のもと、これまで歩んできた。そして、新潟医療福祉大学を進

路に選んで入学してくれた学生、スタッフに「この大学に来てよかった」と思ってもらい、そして卒業をしていってほしいと考えながらやってきた。

その考え方は、これからも変わらない。

27歳で高校野球の監督になって以来、ずっと勝負の世界で生きている。負けたときには、選手ではなく自分自身に矢を向けてきた。自分に何が足りなかったのか、もっとできることがあったのではないか。「自分に負けたくはない」という思いでここまで歩んできた。

自分が凡人であるがゆえに、若い頃から他の監督たちとは違う「山の登り方」を意識しながら指導をしてきた。別のルートもあるはず……相手とは真逆の、反対側から山を登ろうという志向で考えてきたわけだ。

それでも、もしかしたら相手が選んだルートのすぐわきに、もっと登りやすいルートがあったのかもしれない。この本を読んでくださった人が、自分なりの「山の登り方」を考えてくだされば幸いである。


最後に。

23歳で結婚して40年余。27歳で「高校野球の監督になりたい」と宣言したときも、56歳で「大学野球の監督をやりたい」と言ったときも「好きなことをすればいいんじゃない」と後押ししてくれた妻・まどかに心からお礼を言いたい。その応援の言葉がなければ、新しい一歩を踏み出そうとは思わなかっただろう。

野球の監督をする以上、試合の集中する週末が自由にならないのは目に見えている。だからこそ、罪ほろぼしとばかり、定年を過ぎたら2人でのんびり旅行でも行こう、と若い頃から話してきた。話だけはするのだが、明訓高校の応援で甲子園に来てくれた程度で、まだちゃんと実現してはいない。落ち着いたら、約束を実行したいと思っている。今度は、大学の女子野球部の創設のためにもうひと働きしなければならないが……。

まどかへ。ほんのもう少しだけ、野球に携わる時間をください。お願いします。

新潟医療福祉大学　硬式野球部
総監督　佐藤和也

資料編

新潟医療福祉大学　硬式野球部OB&現役部員名簿

2013（平成25）	
淡路　信幸	長岡向陵
石田　航	高崎経大附
板垣　瑞希	酒田南
伊藤　千春	葵
内山　大地	長岡向陵
笠原祥太郎	新津
神田　悠司	尚志
久住　遥香	中越
小池　拓斗	高田
坂巻　智大	上田西
下谷　祥太	嬬恋
新保　友英	新発田農
髙良祐太郎	横浜商
竹石　智弥	新潟明訓
照沼　将大	水城
遠田　裕嗣	十日町
富所　翔太	六日町
中村　弘毅	成徳大深谷
橋本　彗	東農大二
羽石　裕紀	作新学院
林部　和樹	長野東
福田　健人	成徳大深谷

細川　駿	小松明峰
堀口　晃平	専大松戸
眞杉　聡	高崎経大附
松本　凌	成田
宮島　巧	新潟明訓
山田将太郎	北越
山田　翔平	富岡
吉田　圭佑	尚志
2014（平成26）	
相澤皓太郎	巻
五十嵐康太	巻
岩﨑　亮馬	本庄第一
太田　成己	日本文理
大塚　雅也	上田西
小黒　一輝	日本文理
河井　悠太	北越
川鍋　慧人	前橋東
菅野　智仁	聖光学院
栗田　拓実	小松明峰
酒井　星哉	新潟商
笹川　隆二	巻
佐藤　大輝	山形中央
佐藤　悠人	巻

霜鳥　章斗	新潟商
高島　駿輝	東洋
鷹箸　宏樹	作新学院
武田　竜樹	上田西
田中　雄也	長野商
中村　匠吾	丸子修学館
幅野　樹	会津農林
福島勇一郎	関東第一
星野　寛人	尚志
松澤　昇太	山形中央
松澤　拓海	遊学館
丸山　瑞貴	飯山北
宗像　航平	日大東北
山口　大輔	南陽
2015（平成27）	
熱田　隆介	専大附
池原　瑠河	新潟産大附
伊藤　宏紀	利府
上野　空	大町
漆原　大晟	新潟明訓
小田　悠平	新潟産大附
上吉原克也	栃木工
喜連川　渉	聖光学院

※入学年、氏名、出身校、五十音順
現役部員は2022年12月31日現在

黒田　翔一朗	東京学館新潟
小池　那弥	新潟明訓
小泉　竜成	聖光学院
小林　航平	正智深谷
小林　友哉	成徳大深谷
小山　将信	小諸商
齋藤　央兆	糸魚川白嶺
齊藤　航	関根学園
笹生　良宏	小平南
鯖瀬　駿介	上田西
須山　亮	佐久長聖
田中　葵尉	桜井
土屋　優太	小諸商
中重　拓巳	西武台千葉
長島　直哉	長野西
永見　和也	西武台千葉
平原　慈能	日本文理
福田　竜之介	小松大谷
前田　耕司	関東第一
水石　英佑	小諸商
村田　彰吾	本庄東
安野　颯人	金沢
山賀　裕平	聖光学院

山﨑　嘉紀	北越
山田　圭亮	長岡工
綿貫　大佑	長野東
2016（平成28）	
吾妻　光一郎	小諸商
厚美　慎太郎	城西大附城西
安部　公朗	小千谷
有田　将大	作新学院
飯塚　亜希彦	上越
石橋　健哉	新潟県央工
市川　和平	米沢中央
上田　直也	金沢
海老名　剛	新潟明訓
大藪　将也	上田西
加藤　鳴海	星野
川田　敦也	山形中央
川端　喜一	鵬学園
草彅　輝也	秋田商
小池　翔	万代
河野　誠也	上田西
小林　友哉	三条東
佐藤　嶺	愛工大名電
柴崎　大悟	前橋育英

高橋　勇斗	開志学園
田村　将太	北越
中村　光希	関根学園
庭山　希	小出
治田　丈	中越
服部　健也	長野日大
引地　慧	利府
佛川　大輝	東京学館新潟
船田　廉	谷地
マッカーシー龍海鳩	佐久長聖
丸山　貴大	新潟西
三井　崇平	上田西
矢嶋　航大	小諸商
山口　尚輝	日本文理
山田　翔己	八尾
八幡　竜	日本文理
2017（平成29）	
秋元　謙伸	相馬
阿部　禎	聖光学院
雨宮　琢磨	丸子修学館
荒木　陵太	日本文理
碇　大誠	作新学院
生田　智也	豊橋東

井桁　悠介	福島西
石野　湧真	砺波工
伊藤　開生	成城
伊藤　拓将	新潟明訓
稲垣　健太	村上桜ヶ丘
稲垣　優斗	日本文理
今井　将大	関東学園大附
植田　侯希	聖光学院
大﨑　海渡	新潟明訓
海津　光生	新潟東
梶山　駿介	新潟明訓
春日　大典	上田西
加勢　良輔	東京学館新潟
勝又　達哉	開志学園
鎌田　諒輔	星野
川上　綾太	磐城桜が丘
栗木　捷人	長野商
小鷹　樹	巻
小林　大蔵	十日町
小林　丈紘	上田西
近藤　翔太	上越
坂井　瑞樹	前橋工
坂上　悠斗	帝京長岡

笹川　翼	三条東
佐藤　駿矢	聖光学院
佐藤　應斗	秋田商
須貝祐次郎	村上桜ヶ丘
髙根　悠太	新潟西
武田　滉貴	水橋
手塚　俊輔	松商学園
寺山　直希	高崎商科大附
富岡　優馬	長野商
中野　太輔	長野商
中村　賢弥	新潟明訓
梨本　雄斗	松商学園
西野　護	村上桜ヶ丘
早川　翔斗	巻
林　千紘	上田西
バンゴーゼムゲレック　高	帝京長岡
廣瀬　代河	加納
藤塚光二郎	日本文理
堀田　裕也	上越
町田　幹太	中野西
丸山　司	新潟北
峰村　大地	長野商
矢野　彩香	万代

山口　真生	安房
山本　泰輝	聖光学院
横田　勝大	横浜商
吉村　優	西武台千葉
2018（平成30）	
伊井　誠康	富山南
猪俣　和生	会津若松ザベリオ学園
入谷　直希	金沢
岩永　渉	鵬学園
岩本　一貴	開志学園
大日向史伎	飯山
大桃　吏矩	三条東
岡安　賢斗	会津若松ザベリオ学園
小川　冬馬	小千谷
小澤　昂平	常磐
小野　晃斗	彦根翔陽
笠原　遥也	日本文理
樫出　侑弥	柏崎
桐敷　拓馬	本庄東
久保　祐輝	正智深谷
熊谷　曹	開志学園
栗原　稜太	福島商
小柳麟太朗	龍谷

新潟医療福祉大学　硬式野球部OB&現役部員名簿

齋藤　和輝	佐渡
齋藤　大器	駒大苫小牧
斉藤　稜	秋田商
坂井　琢真	中越
佐藤　宇志	酒田西
佐藤　琢磨	新潟青陵
渋谷　優太	雪谷
鈴木　智仁	安達
伊達　駿介	聖光学院
寺杣　直泰	日本文理
富谷陽一郎	湯沢
長沢　知幸	白鷗大足利
二国　健太	新潟明訓
野口　拳晨	聖光学院
野村　優斗	岐阜総合学園
馬場　悠大	龍谷
平野　司	新潟江南
藤田　智也	日大東北
堀江　修作	武蔵村山
牧田龍之介	日本文理
村田　雄介	桜井
矢上　世燿	郡山

2019(平成31・令和元)

浅野　耕太	新潟西
荒井　朋範	上田西
安念　辰浩	砺波工
井川　悠月	東京学館新潟
生田　凌大	東農大二
今井　颯大	長野日大
植松　尚輝	開志学園
大島　享也	高崎商
悴田　幸太	東農大二
加藤　昂陽	郡山
川邉　拓人	いわき光洋
川邉　雅希	横浜商
牛腸　陸太	三条東
後藤　莉子	新潟商
小林　塁	小諸商
齋藤　康大	西武台千葉
坂井　元気	日本文理
坂井　翔太	中越
坂内　誠也	黒磯
佐藤　匠	新潟商
篠﨑　乙樹	常磐
渋沢　哲平	松本第一
清水　鴻	不二越工
谷川　綾麻	高陽東
長井　悠太	十日町
中町　智洋	十日町
中村　藍人	武蔵越生
林　悠太	桜井
松井　康祐	村上桜ケ丘
森戸　海成	関東学園大附
山本　天太	中越
横野　聖哉	新潟明訓
吉岡　桃汰	東大和南
若林　隼人	高朋

2020(令和2)

青木　柊馬	津和野
荒　陽太	相馬
大久保翔太	関東第一
岡山　太陽	中越
尾内　勇輝	樹徳
小野　清弥	春日部東
金井聖士郎	長野日大
古藤　大晟	米沢中央
後藤　悠太	新発田中央
小林　裕貴	上田西
小室　統也	名取北

酒井　一歩	富岡
櫻田　弦	横浜隼人
白崎　了宇	新潟商
白勢　悠貴	加茂暁星
菅井　道	中越
鈴木　雄貴	郡山
関　航大	長野日大
瀬田　椋平	本庄東
髙野　蓮	新潟明訓
髙橋　大希	横浜商
高橋　哲也	北越
髙橋　都夢	開志学園
髙橋　陸	横浜隼人
竹内　潤哉	本荘
田尻　英明	三田西陵
田中　開誠	成田国際
田母神　幹太	盛岡大附
西川　嵩峰	十日町
平岡　琢海	小松明峰
町屋　駿	新潟商
三井　心	松代
南　隼人	日本文理
宮澤　俊斗	新潟工
目黒　宏也	長岡商
矢澤　慧悟	学法石川
山﨑　碧月	盛岡二
横塚　正樹	真岡工
吉田　俊介	北越
渡辺　勝誠	糸魚川
2021（令和3）	
阿部　心洋	山形市立商
井川　昌泰	八尾
糸井　駿太	太田
井上　翔央	前橋育英
江口　優哉	東京学館新潟
大河原　康生	前橋育英
大坂　佳也	小松明峰
大地　矢童	佐渡
上村　健	長岡大手
熊倉　健太	横浜商
黒石　祐希	糸魚川
小島　徹太	熊谷商
小林　勇翔	東京学館新潟
紺野　颯良	西武台千葉
相模　飛勇	日本文理
佐藤　圭	北越
佐藤　弘季	上山明新館
重藤　大嘉	玉野光南
渋谷　亮太朗	山形市立商
城倉　莉空	東京都市大塩尻
瀬田　幹大	北本
高岡　蓮	日本文理
高橋　良輔	北越
滝沢　拓豊	新潟県央工
田中　海斗	土浦湖北
長尾　優輝	八海
中村　周磨	新潟産大附
西澤　賢祐	巻
韮沢　颯馬	長岡工
野村　弥玄	桜井
船戸　一真	前橋東
松木　健太	岡山南
松﨑　知哉	本庄第一
松本　将	田村
村井　孝輔	巻
諸橋　立史	浦和学院
山口　信也	遊学館
山野　純輝	いわき光洋
山本　凪耶	小出

新潟医療福祉大学　硬式野球部OB&現役部員名簿

吉田　拓弥	山本学園
吉田　伸大	長岡工
若林　聖岳	東農大二
和田　昂樹	新潟産大附
2022（令和4）	
青木　創思	鹿西
安藤　廉	前橋育英
飯濵　友翔	新潟明訓
伊藤　蒼空	東京都市大塩尻
伊藤　龍紀	一関学院
大舘陽七薫	太田
大谷　悠斗	正智深谷
小川　稜太	北越
加藤　秀成	中越
金澤虎之介	十日町
金子凌太朗	佐渡
上條　英俊	横浜隼人
粂　智章	鶴岡工
後藤　駿太	聖光学院
後藤　響	掛川西
小針　淳郎	日大東北
坂本　岳斗	佐渡
座主ひまり	新潟商
佐藤　秀祐	寺井
清水　剣心	東農大二
須田　温友	本荘
春原　史	我孫子
関口　雅雄	西武台千葉
僧野　我斗	小松大谷
髙橋　央	大曲
滝　斐友磨	聖光学院
滝嶌　俊喜	甲府城西
田中叶志朗	長野東
田邊　陽登	立正大淞南
千田　大凱	未来
長内　大伍	能代
塚本　翔也	寺井
土田　滉輝	遊学館
椿　大雅	加茂暁星
寺坪　晃生	富山商
外山　俊	中越
永井　希青	柏崎
中里　日紀	滑川総合
中原　駿斗	丸子修学館
長谷川翔午	新発田中央
畑中　裕喜	本荘
早川　大翔	前橋育英
早川　友基	新津
日野　晴翔	日大山形
古屋　優斗	東葉
堀田　壮	聖望学園
間野　勇翔	遊学館
三浦　快斗	本荘
宮越　錬	富岡
山内　翔太	真岡工
吉田慎之輔	健大高崎
吉野　凌世	西武台
和田　航弥	日本航空
渡辺　康生	新発田商

新潟医療福祉大学硬式野球部

2001年4月に新潟医療福祉大学が開学。体育および看護・医療・リハビリテーション・栄養・スポーツ・福祉の６学部13学科と大学院からなる医療系総合大学（2022年12月現在）水泳、陸上、サッカーなど部活動が盛んで全国トップクラスの成績を残す。野球部は、13年春に創部し、わずか４年で関甲新一部リーグ2位の成績を残し、近年全国を狙える位置にいる。関連病院の新潟リハビテーション病院と連携し、野球を断念しなければならないような重大な障害の予防や、地域と連携した野球教室、指導者育成など総合大学の特色を活かした取り組みも積極的に行っている。コンスタントにプロ野球選手を輩出し、全国でも注目度は高くなっている。

新潟医療福祉大学硬式野球部10年間の主な出来事

2013年	新潟医療福祉大学が部員31人で創部 秋季から関甲新学生野球連盟三部リーグに参戦
14年	春季に三部初優勝。入れ替え戦を制して二部昇格
15年	春季に二部初優勝。入れ替え戦を制して一部昇格 初参戦の一部は最下位（4勝9敗）
16年	春季一部で2位（9勝4敗） 笠原祥太郎が投手3冠（最多勝、最優秀防御率、ベストナイン） 笠原投手が中日からドラフト4位指名
18年	漆原大晟投手がオリックスから育成1位指名
19年	佐藤和也監督が総監督就任 鵜瀬亮一コーチの監督昇格を発表
20年	新型コロナウイルスの感染拡大で春季リーグが中止
21年	大久保翔太外野手が春季一部で野手4冠 （首位打者、最多安打、ベストナイン、新人賞） 秋季一部で桐敷拓馬投手が 平成国際大戦でリーグ初の完全試合達成 桐敷投手が阪神から3位、 佐藤琢磨投手がソフトバンクから育成13位指名
22年	10年目は春季が4勝5敗で5位、秋季は4勝5敗で6位

佐藤和也

さとう・かずや●1956年、新潟県長岡市生まれ。長岡高で捕手として活躍し、日本体育大に進学。84年、新潟明訓高の保健体育の教員になり、野球部監督に就任。センバツは96年出場。夏の甲子園は91年の初出場以来、通算7回出場。2010年はベスト8進出。13年から新潟医療福祉大学の野球部創部とともに監督就任。わずか4年で関甲新一部リーグ2位まで押し上げた。20年度より同野球部の総監督を務める。笠原祥太郎（横浜DeNA）、漆原大晟（オリックス）、桐敷拓馬（阪神）、佐藤琢磨（ソフトバンク育成）らを育てた。

佐藤和也監督としての
関甲新学生野球連盟戦績

シーズン	勝敗	勝点/勝率	成績
13年秋 3部	3勝3敗	勝率.500	5位
14年春 3部	6勝0敗	勝率1.000	1位
春 入替戦	2勝0敗		2部昇格
秋 地域別	5勝2敗	勝率.714	予選リーグ3位
15年春 2部	7勝3敗	勝率.700	優勝
春 プレーオフ	2勝0敗	※同率3校による総当たり戦	
春 入替戦	2勝0敗		1部昇格
秋 1部	4勝9敗	勝点1	6位
秋 入替戦	2勝0敗		1部残留
16年春 1部	9勝4敗	勝点4	2位
秋 1部	5勝8敗	勝点1	5位
17年春 1部	2勝8敗	勝点1	5位
秋 1部	4勝8敗	勝点2	4位
18年春 1部	4勝9敗	勝点1	6位
春 入替戦	2勝1敗		1部残留
秋 1部	3勝8敗	勝点1	5位
19年春 1部	0勝10敗	勝点0	6位
春 入替戦	2勝0敗		1部残留
秋 1部	6勝5敗	勝点3	4位

※3部：7校による1校1戦の総当たりによる勝率制
※入替戦：2戦先勝制
※地域別：地域ごとに3ブロックに分け、8校による1校1戦の総当たりによる勝率制
　各ブロックの上位2校が決勝トーナメント進出
※2部：6校による1校2戦の総当たりによる勝率制
※1部：6校による1校2戦先勝の勝点制

砂地《すなじ》に種《たね》をまいて、花《はな》が咲《さ》く

高校《こうこう》野球《やきゅう》名将《めいしょう》が挑《いど》んだ大学《だいがく》野球《やきゅう》10年《ねん》の軌跡《きせき》

2023年1月30日　第1版第1刷発行

著者　佐藤和也《さとうかずや》

発行人　池田哲雄
発行所　株式会社ベースボール・マガジン社
〒103-8482
東京都中央区日本橋浜町2-61-9　TIE浜町ビル
電話　03-5643-3930（販売部）
03-5643-3885（出版部）
振替口座　00180-6-46620
https://www.bbm-japan.com/

印刷・製本　大日本印刷株式会社

©Kazuya Sato 2023

Printed in Japan
ISBN 978-4-583-11537-5　C0075

＊定価はカバーに表示してあります。
＊本書の文章、写真、図版の無断転載を禁じます。
＊本書を無断で複製する行為（コピー、スキャン、デジタルデータ化など）は、私的使用のための複製など著作権法上の限られた例外を除き、禁じられています。業務上使用する目的で上記行為を行うことは、使用範囲が内部に限られる場合であっても私的使用には該当せず、違法です。また、私的使用に該当する場合であっても、代行業者等の第三者に依頼して上記行為を行うことは違法となります。
＊落丁・乱丁が万一ございましたら、お取り替えいたします。